임천서원

채광수

경상북도 경산 출신으로 영남대학교 국사학과를 졸업하고, 동 대학원에서 석사와 박사학위를 취득했다. 현재 영남대학교 민족문화연구소 연구교수에 재직하며, 경상북도 문화유산위원회 전문위원으로 활동하고 있다.

조선시대 서원과 향촌사회에 관심을 두고 공부하고 있고, 『근대 이후 동아시아 서원의 변용과 전개』(공저), 『봉화 성건재 강찬 종가』, 「장수藏修의 보완재로서 서원의 유식遊息」 등 다수의 논저가 있다.

한국의 서원 100선
○○④

임천서원 臨川書院

일사보국一死報國의 숨결

채광수

문예원

머 · 리 · 말

이 책은 안동에 있는 임천서원에 대한 글이다. 이 서원은 국난극복에 한 몸을 바친 학봉 김성일(1538-1593)을 모시고 있는 공간이다. 잘 알려지 않았지만 김성일은 한국 서원사에서도 중요한 입지를 가지고 있다. 그는 약관에 우리나라 최초의 서원인 소수서원에서 공부하여 과거시험에 급제했고, 나주 목사 시절에는 스승 이황의 서원 보급 운동을 적극 계승했기 때문이다. 서원이 조선 사회에 안착하고 어떻게 기능하는지를 몸소 보여준 인물이었다.

저자는 서원을 주제로 박사학위를 받은 이후 꾸준히 관련 연구를 진행해 왔다. 특히 일기류를 집중 활용하여 서원의 변천과 운영, 특수 현상 등을 실체적 내용과 의미를 학계에 소개했다. 그 과정에서 이 책에서 다루는 임천서원에 사료적 가치가 있는 일기가 전하고 있는 사실을 인지했다. 이 자료를 잘 활용한다면 의미 있는 성과물을 학계와 대중에게 공유할 수 있을 것으로 기대했다. 이 책이 바로 그 결실이다.

이 글은 일기를 토대로 세 갈래로 구성한 것이다. 먼저 김성일의 의로운 삶과 서원 보급 활동을 탐색했고, 임천서원이 위치했던 반변천半邊川 일대에 펼쳐진 임하구곡臨河九曲의 자연 · 문화 경관을 소개했다. 다음 임천서원 역사 이야기에서는 서원의 재건 과정, 청액 활동, 훼철 후 복설 등을 시계열적으로 조명했다. 또한 서원을 운영한 과거의 임원들과 현재 서원을 지키는 관계자의 목소리도 담았다. 끝으로 임천서원을 넘어 김성일을 제향하고 있는 전국의 서원의 현황과 현재 임천서원 향사의 정경을 수록하였다.

이 책을 집필하는 데 여러 가지 도움을 주신 한국국학진흥원 관계자 선생님들과 학봉 김성일선생 기념사업회 김종성 이사님께 이 지면을 빌려 감사의 말씀을 드린다.

> 강직하긴 무쇠에다 곧기는, 화살 옥병처럼 깨끗하고 맑았었다네
>
> 임금 앞에 직언하던 충성이었고, 국난 위해 목숨 바친 절개였었네.

임천서원 봉안문의 일부이다. 김성일의 일사보국一死報國의 정신이 잘 담겨있다.

2025년 10월

채광수

차례

김성일의 의로운 삶과 서원 활동

1. 학봉 김성일의 삶

김성일은 1583년 안동부 임하현 천전리에서 김진의 넷째 아들로 태어났다. 어린 시절 그의 성향을 볼 수 있는 몇몇 일화들이 전하는데, 이를 보면 당차고 총명하면서도 온화한 아이로 성장했음을 알 수 있다.

그는 10세쯤 아버지가 개설한 서당에서 유학의 기본 경전을 배웠다. 이후 높은 과거 합격률을 자랑해 수재들의 발걸음이 끊이지 않았던 영주 소수서원에 입학했다. 1558년에는 당대 조선의 학문을 선도하던 이황의 문하에 나아가『서경』·『역학계몽』·『심경』·『대학』등을 공부하며 도학에 정진했다. 김성일의 성실한 학업 태도에 대해 스승 이황은 "그의 행실은 높고 학문은 밝으니, 나는 그에게 비길 만한 사람을 보지 못했다"라고 평했다. 현재까지도 학봉 종가에는 이황에게 받은「심경찬心經贊」일부가 소장되어 있다. 김성일은 1561년 스승과 함께『대학』과「태극도설」을, 1562년에는『주자서절요』를 침식을 잊을 정도로 치열하게 공부했다.

김성일은 1564년 진사시에 입격하고 성균관에서 학문을 연마한 뒤 귀향했다. 1566년에는 스승의 부름을 받고 도산을 예방했다. 애제자가 더 큰 학자로 성장하도록 권면하기 위해 마련한 자리였다. 이황은 요·순 임금부터 주자에 이르기까지 16명의 성현이 전수한 학문과 심법心法을 80자로 압축한「병명屛銘」을 몸소 지어 선물하였다.

1568년 김성일은 문과에 급제해 벼슬길에 첫발을 들였다. 그가 처음 발령받은 부서는 청요직으로 알려진 승문원이었다. 다음해 이황은 관직을 물러나면서, 선조 임금에게 김성일·이준경·기대승을 조정의 인재로 추천을 했다. 김성일이 정계에 입문한지 1년밖에 지나지 않은 시점이었다.

김성일은 1570년 이황이 세상을 떠났다는 비보를 접하고, 『퇴계선생사전史傳』을 지어 스승의 학문과 행적을 정리했다. 이 사전은 이황이 사후 얼마 지나지 않아 시호로 문순文純을 하사받는 데에도 큰 역할을 했다. 스승을 기리기 위한 현양 사업은 여기에 그치지 않았다. 김성일은 나주목사 시절 『성학십도』, 『주자서절요』, 『계산잡영溪山雜詠』, 『퇴계자성록退溪自省錄』을 발간해 스승의 높은 학문적 세계를 후학들에게 전파하려고 노력했다.

김성일은 25여 년 동안 관직에 몸담은 관료였다. 내직에 있을 때는 주로 언론 기관에서 근무했고, 외직으로 나아갈 때는 임금의 특사로 국·내외에 파견되었다. 내직에 있을 때는 '대궐 안 호랑이'라 불릴 만큼 엄정하기로 정평이 났다. '단종 복위', '사육신 복작소復爵疏', '변장에게 선물을 받은 우의정 노수신 탄핵', '최영경 신원' 등이 그가 펼친 대표적인 언론 활동이었다.

외직 때는 1580년 함경도 순무어사, 1583년 황해도 순무어사, 1588년 경기도 추쇄경차관에 임명되어 여러 고을을 순찰하며 수령들의 근태와 민심의 동향을 살폈다. 김성일은 그때의 순무 활동을 『북정일록』과 『해서록』으로 남겼다. 이 책들을 보면 백성의 시각에서 그들의 삶을 기록하고 개선 대책을 조정에 촉구한 김성일의 민본주의자의 면모가 잘 드러난다.

그는 1590년 3월 통신사 일원으로 일본 사행 길에 오른다. 사행의 목적은 일본의 침략 정세를 파악하기 위함이었다. 일본에서의 사신 활동은 답답한 날의 연속이었다. 일본 측이 명나라를 정벌할 것이니 조선이 앞장서라는 어처구니없는 주장을 하며 사신 일행을 압박한 것이다. 조선을 신하로 취급하는 일본의 무례함이 극에 달했다. 이러한 위협적인 상황에서도 김성일은 조선 선비로서의 존엄과 체통을 지키며, 절차와 규범에 따라 현안들을 처리했다. 다음해 1월 귀국한 김성일은 정사 황윤길의 '필시 병화兵禍가 있을 것'이라는 황겁한 보고와는 달리 "왜적이 우리 사신의 발자국을 밟으며 곧바로 쳐들어올 것 같은 정형情形은 보지 못했습니다."라고 본 사실대로 보고했다. 이 일의 전후 사정은 친구 류성룡의 『징비록』에 구체적으로 기술되어있다.

> 류성룡 : 그대의 말이 황윤길과 다른데 만약 전쟁이 일어나면 어찌할 것인가?
>
> 김성일 : 난들 어찌 왜가 장차 침략하지 않는다고 보장할 수 있겠는가, 다만 황윤길의 말이 너무 심해 조정과 백성들이 혼란하므로 의혹을 해소한 것뿐 일세.

그러나 불행히도 다음해 전쟁이 터지고야 말았다. 선조 임금은 김성일에게 그 책임을 돌리며 그를 잡아 오라고 명했다. 이에 김성일은 "한 번 죽어 나라의 은혜에 보답하겠다."라는 장계를 올렸고, 이를 본 선조는 오히려 감명해 경상우도 초유사에 그를 임명했다.

그는 초유문「도내의 선비와 백성들을 깨우쳐 불러 모으는 글」을 지어 각 지역에 포고를 개시하고, 의병과 관군 사이의 알력을 중재하며, 호남을 사수하기 위해 진주성 수호를 명령하는 등 몸을 돌보지 않고 쉴 새 없

학봉 묘방석(국가유산청 제공)

이 전장을 누볐다. 임진왜란 시기 그의 우국충정은 다종의 문헌들에서 산견되며, 지금도 진주 촉석루에는 당시의 심정이 고스란히 담긴 삼장사三壯士의 시판이 걸려있다.

> "한잔 술 비장한 웃음으로 남강 물에 맹세하네. 남강 물 쉬지 않고 도도히 흐르듯이 저 강물 마르지 않는 한 우리 넋도 죽지 않으리."

진주성 사수를 노래한 시에서 맹세한 대로, 그는 나라를 구하기 위해 한 몸을 바쳤다. 1593년 4월 29일 전쟁의 한가운데서 결국 순국하였다.

시신은 전쟁 중이라 고향으로 운구되지 못한 채 지리산 기슭에 임시로 장사를 지냈다. 묘지에는 큰 바위가 덩그러니 서있고, 그 바위에는 정구가 김성일의 일생을 집약한 글, 「묘방석에 쓰노라」 제목의 글이 새겨져 있다.

> 사순士純의 휘는 성일이니, 문소聞韶 김씨이다. 1538년에 출생하여 1593년에 돌아가셨다. 1568년에 문과에 급제했고 1592년에 경상도 관찰사가 되었다. 일본에 사신으로 갔을 때는 강직하고 흔들리지 않아 우리 임금의 위엄과 교화를 멀리 전파했으며, 초유사의 명을 받고는 지성으로 감동시켜서 한 지역을 막았으니, 그 충성은 사직에 남아있고 이름은 역사에 실렸다. 일찍이 퇴계 선생의 문하에 올라 심학의 요체를 배웠으며, 그 덕행과 훈업은 모두 백대토록 아름답게 빛나리라.[1]

김성일의 묘는 1593년 12월에야 안동 와룡면 서지동으로 이장했다. 임진왜란이 끝나자 조정에서는 김성일의 공적을 인정해 그를 1605년 선무원종공신 1등에 녹훈했고, 가의대부 이조참판 겸 홍문관 제학으로 추증했다. 이후에도 국가 차원에서의 예우는 계속되었다. 김성일은 1676년에 자헌대부 이조판서, 홍문관 대제학으로 거듭 증직됨과 함께, 1679년 문충文忠이라는 시호를 받았다.

1 정구, 『한강집 속집』 제6권, 「행장」.

2. 김성일의 서원 건립 활동

1543년 풍기 군수로 부임한 주세붕(1495-1554)은 이 고을 출신으로 우리나라에 최초로 성리학을 도입한 안향을 제향하는 백운동서원을 창건했다. 송나라 주자가 중건한 백록동서원의 이름을 본떠 만든 우리나라 첫 서원이 출현한 것이다. 이어 풍기 군수로 온 이황이 조정에 사액을 청하여 소수서원이라는 명칭을 받아 냄으로써 첫 국학國學이 탄생하였다. 이후 이황은 문도들과 함께 조선 사회에 새로운 교학 기구인 서원 보급 운동을 전개해 나갔다. 그 결과 이황은 명종 대 설립된 서원 27개소의 반수 이상에 직·간접적으로 관여했고, 그의 문인들도 스승의 뜻을 이어받아 광해군 대까지 43개소 서원에 관여했다. 여기에 참여한 문인은 총 56명에 달한다. 이황은 서원을 통해 기존의 과거 관련 출세·사익 추구가 아닌 참다운 성리학이 안착하기를 기대했으며, 이로써 이 시기 가장 시급한 과제인 사림의 사습과 사풍을 바로잡고자 노력했다. 조선의 서원은 이황에 의해서 사림의 학적 기반으로 정착되었고, 이를 계승한 문인들에 의해 조선 사회에 새로운 교학기관인 서원이 확산할 수 있는 토대가 마련되었다.

김성일은 서원이 조선에 안착하는 과정과 그 기능을 이해하는 데 있어 중요한 위치에 있는 인물이다. 그는 약관의 나이에 출사를 위해 소수서원에서 수학한 바 있었고, 나주목사 재임 시에는 사습을 바로잡고 진정한 도학으로서의 성리학을 펴고자 한 스승의 서원 보급 운동에 적극적으로 동참했기 때문이다.

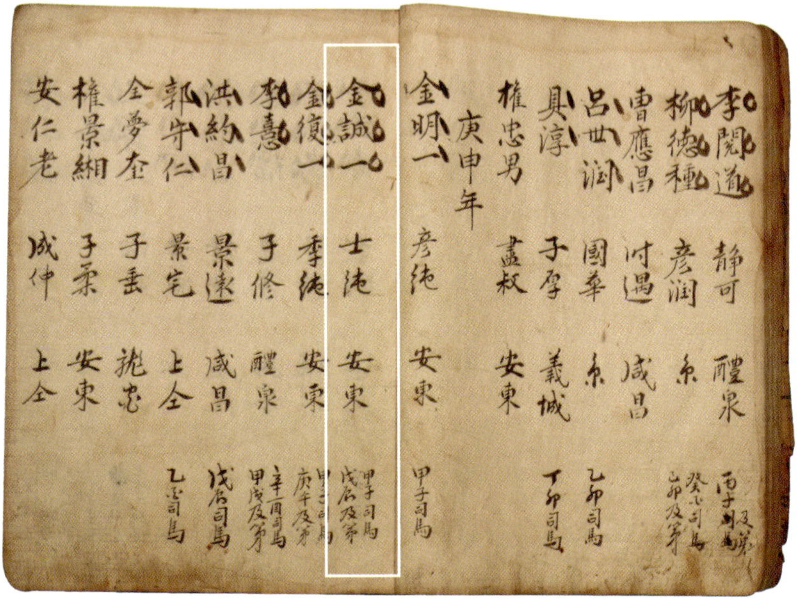

소수서원 입원록(필자 촬영)

초기 소수서원을 두고 '이 서원에 와서 공부한 사람은 5년이 채 안 되어 모두 명사가 되어 연이어 과거에 급제한다'고 할 만큼 과거 교육이 우수하다는 소문이 자자했다. 실제로 16세기 소수서원에 입학한 63명 중 51명이 소과에 입격했고, 소과에 입격한 51명 중 45명이 대과에 급제하였음이 이를 증명한다.[2]

2 김자운, 「조선시대 소수서원 연구」, 한국학대학원 박사학위 논문, 2014, 71쪽.

16세기에 생성된 소수서원『입원록』에는 김성일 5형제 모두가 입학 명부에 올라있다. 출사를 바라는 아버지의 명에 따라 1545년에 처음 입학한 맏이 김극일을 필두로 1551년에는 김수일, 1560년에는 김명일 · 성일 · 복일이 소수서원에서 공부하였다. 그 결과 김극일은 대과[1546년], 김수일은 생원[1555년], 김명일 생원[1564년], 김성일 소 · 대과[1564년 · 1568년], 김복일 소 · 대과[1564년 · 1570년]에 합격하는 영광을 차지했다. 추후 소수서원을 다시 찾은 김성일은 옛 감회를 담아 다음과 같은 시를 읊조렸다.

> 백운동 골짝 안은 내가 전에 놀던 곳인데,
> 명산이 꿈에 드니 죽계의 골짜기네.
> 짚신에다 베 버선을 신고 따라 나설 참에,
> 구름 깊어 산길이 어두워서 걱정이네.[3]

한편 한강 정구가 지은 행장에 의하면 김성일은 동생과 함께 소수서원에서『상서尙書』를 읽다가, 문득 "학문을 한다고 하면서 녹봉에만 뜻을 두는 것은 부끄러운 일이다. 퇴계 이 선생은 오늘날의 유종儒宗이시니, 어찌 가서 가르침을 청하지 않겠는가"라며 아버지에게 허락을 구해 그 길로 퇴계 선생에게 입문했다고 전한다.

3 김성일,『학봉일고』제1권「시 - 행정축차서애운」.

1584년 김성일이 목민관으로서 발령받은 첫 임지는 나주목이었다. 전라도를 대표하는 큰 도시 나주목은 조선시대 내내 걸출한 인사들이 배출되어 사족세가 강했던 난치難治 고을에 속했다. 김 목사는 부임 직후 관내에 공부할 만한 공간이 부족하다는 사실을 파악했다. 그는 그 대안으로 당시 퇴계 문도들 사이에서 광범위하게 추진되어 가던 서원 창건을 기획한다. 서원의 터는 읍성에서 서쪽으로 5리 떨어져 있는 금성산 기슭으로 정했다. 한적하여 차분히 공부하기에 적합한 장소였다. 장소가 선정되자, 지역 유력 사족인 나주나씨 나사침羅士忱(1525-1596) 일가의 도움을 받아 착실히 공사를 진행해 강당, 동 · 서재 · 누각[知遠樓]을 완공했다. 이름은 금양서원錦陽書院 또는 설립지의 지명을 붙여 대곡서원大谷書院이라 불렀다. 사당이 설치되지 않은 점은 이 시기 서원에서 흔히 보이는 경우이다. 이는 교육을 우선시한 퇴계의 서원론에 기초한 까닭이다. 김 목사는 서원을 창건한 뒤 "현가絃歌 울림 이로부터 시작되어서, 천년토록 좋은 풍교 수립하리라"며 그 의의를 부여했다. 또 공무를 보는 틈틈이 서원에 내방해 경서를 강론하며, 근태勤怠에 따라 성적을 매기는 등 서원 교육에 남다른 관심을 기울였다.

그러나 김 목사는 서원이 설립된 지 2년 만인 1586년 사직단에 화재가 발생한 사건으로 체직되고 만다. 김성일이 떠난 이듬해 후임 목사가 사당을 지어 동방오현[김굉필 · 정여창 · 조광조 · 이언적 · 이황]의 위패를 모셨다. 봉안문은 나사침의 아들 진사 나덕윤羅德潤(1557-1621)이 지어 올렸다. 서원명도 오현서원으로 바뀌었고, 초대 원장으로는 전라도 동인계를 대표하던 정개청(1529-1590)을 선임해 대소사를 관장하게 했다. 정개

청은 나주 사회에서 위상이 두드러진 인물이면서 서원 창건을 지원한 나사침의 세 아들 스승이기도 하였다. 서원은 이후 정유재란으로 소실되었다가, 1609년 중건을 거쳐 다음해 '경현景賢'으로 사액을 받았다.

1693년에는 국가의 서원통제책에도 불구하고 김성일에 대한 추향이 이루어졌다. 이는 비단 김성일이 나주지역 최초의 서원을 창건해 문풍을 진작한 공로로 인한 것만은 아니었을 것이다. 김성일의 추향은 그가 보여준 사직단 중수 · 신문고 설치 · 송사 판결 · 흥학 활동 등, 나주 목민관으로서의 선정에 감사하는 지역민들 마음의 소산이었다.

임하구곡臨河九曲의 자연·문화 경관

옛 임천서원 주변 반변천半邊川 일대에 펼쳐진 임하구곡[반변구곡]은 조선시대 최고의 스테디셀러 중 하나인 실학자 이중환의 『택리지』에,

> 안동 동남쪽에 있는 임하천은 곧 청송읍 시냇물 하류가 황강물과 합류하는 곳이다. 임천[내앞]에는 학봉 김성일이 살던 옛터가 있다. 지금도 문족門族이 번성하여 유명한 마을이 되었고, 그 옆에는 몽선각과 도연선찰의 경치 좋은 곳이 있다.[4]

라고 소개되어 있을 정도로 전국적인 명승지였다. 영양군 일월산에서 발원한 반변천은 임하면을 동·서로 가로질러 낙동강에 합류한다. 바로 이 반변천을 따라 형성된 것이 임하구곡이다. 이 구곡은 임하면 천전리에서 길안면의 용계리까지 걸쳐있었으며, 이 30리 반변천 구간에는 아름다운 절경이 즐비하였다. 이곳은 1990년대 임하댐이 건설되어 수몰되기 전까지 의성 김씨의 5백여 년 역사와 문화가 함축된 공간으로 존재하였다.

의성 김씨로써 이 지역에 처음 들어온 이는 김성일(1538-1593)의 증조부 김만근金萬謹(1446-1477)이다. 1479년 김만근은 당시 남귀여가혼에 따라 처가 해주 오씨가가 터전을 일구고 있던 이곳에 연고를 두게 된다. 이후 반변천을 따라 안동 동부지역 일원을 그들의 생활무대로 정착시킨

4 이중환, 『택리지』 「산수 - 계거」.

김진 초상화(한국국학진흥원 소장 - 의성김씨 천전파대종택 기탁자료)

이는 김성일의 아버지 김진(1500-1580)이다. 그는 내앞 마을에서 태어나 26세에 생원시에 입격해 성균관에서 수학하며, 김인후 등 당대 명현들과 교유했다. 그러나 김진은 이후 더 이상 벼슬에 뜻을 두지 않고, 고향으로 내려와 학자로서 학문에 침잠했다. 또한 아내와 사별한 김진은 홀로 자제 양육의 책무를 다하였고, 재혼하지 않음으로써 아내에 대한 의리도 지켰다. 그는 자식들에게 "차리리 옥이 되어 부서질지언정 기왓장이 되어 온전하기를 바라지 말라. 사람이 차라리 올바른 도리로써 살면 된다. 너희들이 군자가 되어 죽는다면 나는 살아 있는 것으로 볼 것이요, 소인이 되어 산다면 나는 죽은 것으로 볼 것이다"라며 수기치인의 정신을 강조한 엄하면서도 자애로운 아버지였다.

김진은 1547년 현재의 백운정 아래 부암傅巖 곁에 서당을 열어 자제들과 향리의 어린 선비들을 엄격히 교육했는데, 학생들이 점점 늘어서 글 읽는 소리가 온 경내에 울려 퍼졌다고 한다. 또 다섯 아들이 장성하자 모두 소수서원에 입학을 시켰고, 나아가 이황의 문하에 보내어 성리학을 익히도록 독려했다. 아들 3명은 대과에 2명은 소과에 급제해 작게는 아버지의 기대에 부응했고, 크게는 가문의 문호門戶를 크게 확대하는 계기를 조성하였다. 이에 세칭 '5자등과댁五子登科宅'이라고 회자되었다. 이처럼 의성 김씨가 내앞에 안착해 성장할 수 있었던 기반은 김진의 노력 덕분이었다. 그래서 내앞 김씨들은 김진을 '청계할배' 또는 '청계대조淸溪大祖'라 부르는 이유가 여기에 있다.

강호지락의 삶을 추구했던 김진은 환갑이 넘은 1566년 무렵 내앞 마을에서 30리 떨어진 반변천 상류 낙연落淵 일대를 사랑하여 사찰의 승려에게 선유정仙遊亭을 짓게 한 뒤, 자연을 음미하는 소요처인 동시에 교육하는 강학소로 삼았다. 김진 사후 그의 영정이 선유정에 봉안된 것도 이 때문이다. 아래는 김진이 선유정의 운치를 그린 시이다.

> 반짝이는 물결 따라 단풍은 비단 같고,
> 달빛 가득 모래사장은 흰 비단을 펼친 듯.
> 평생에 못다 한 강호의 정취를 위해,
> 늙은 사진 그려서 남쪽 벽에 부친다오.[5]

이러한 김진의 이야기는 반변천 굽이에 남았고, 후손들은 이를 가문의 전통으로 여겨 착실히 계승해 나갔다. 따라서 임하구곡의 강산에는 내앞 김씨의 역사가 오롯이 담겨있다. 바로 이 일대에 임천서원이 자리해 있었던 것이다.

임하구곡이라는 이름은 『퇴계선생문집』「도산을 방문한 성주목사 김백순의 시를 차운한다」라는 시에 처음 등장한다. 이 시는 이황이 제자 김백순 곧 김성일의 큰형 김극일(1522-1585)의 방문을 받고, 임하구곡에서 노닐고 싶다는 의사를 내비친 것이다. 이황이 노닐고 싶어 한 임하구곡의 아홉 굽이는 어디일까?

류도원(1721-1791)이 쓴 『퇴계선생문집고증退溪先生文集攷證』에서 그

5 『聯芳世稿』 卷1, 「淸溪先生逸稿 - 留贈愛日堂主人」.

단서를 찾을 수 있다. 류도원은 전주 류씨 수곡파 가학 전수의 핵심에 있는 인물이자 당대 영남을 대표하던 큰 학자 이상정(1711-1781)에게 학문의 요체를 전수받은 수제자이다. 그는 이 시를 고증하면서 임하구곡의 위치를 구체적으로 다음과 같이 비정했다.

> "임하현은 안동부로부터 동쪽으로 30리 떨어진 곳에 있다. 경포대鏡浦臺 ⇨ 한송정寒松亭 ⇨ 백운정白雲亭 ⇨ 아양루峨洋樓 ⇨ 송석정松石亭 ⇨ 선유정 ⇨ 도연陶淵 ⇨ 모로굴毛老窟 ⇨ 쌍경대雙鏡臺를 구곡이라고 명하였다."[6]

이제 임하구곡의 자취를 가능한 한 내앞 김씨들의 시선으로 걸어보자.

임하구곡의 제1곡은 내앞 마을 앞에서 만나는 너럭바위 경포대이다. 예전에는 기암절벽을 자랑했으나 현재는 도로 공사로 바위가 많이 깎여 그 정취를 상당 부분 잃고 말았다. 현재 사빈서원 입구에 있는 이연鯉淵은 경포대 아래 맑은 웅덩이를 이르는 말이다. 참고로 김성일은 할아버지 김예범金禮範(1479-1550)의 묘갈명을 지을 때 이연이라는 단어를 사용했다. 김극일이 노래한 이연의 실경이다.

6 류도원, 『퇴계선생문집고증』 권3, 제5권 시, 「차운성목운운」.

개호송 숲(국가유산청 관리단체 - 안동시 제공)

서강의 깊이는 끝이 없으니,
쌍쌍이 다니는 잉어가 번식한다네.
바람과 벼락이 일어남이 없는 때에,
그 변화를 누가 짐작하겠는가.[7]

경포대 건너에는 방풍림 소나무 군란 개호송開湖松이 마주하고 서 있다. 여기를 기준으로 내앞 마을의 안과 밖이 구분된다.

제2곡 한송정은 김예범이 물엄곡 계곡 위에 세운 정자이다. 이 정자

7 『연방세고』 권2, 「약봉선생문집 - 임하이십육영, 이연」.

는 내앞 김씨에서 가장 이른 시기에 조성한 것으로, 반변천의 교외를 굽어볼 수 있는 자리에 있었던 것 같다. 정자 밑 강가에는 한 돌이 있는데 그 모습이 흡사 대나무 상자와 같아서 이를 일러 농암聾巖이라 했다. 물을 따라 몇 리를 내려가면 말안장[盤陀] 같은 돌이 있는데 이를 의암衣巖이라 한다. 조선시대에 간행된 안동부 읍지 『영가지』에도 한송정에 관련한 시가 소개되어 있다. 그 시 한 수를 들어보자.

> 선조에게 아름다운 운치가 있었으니,
> 정자를 지어서 강변을 내려다볼 수 있게 한 것.
> 벼슬살이 이십 년 만에,
> 비바람에 떠내려가는 것을 면치 못했으니.[8]

제3곡은 안동 8경 중 하나인 백운정으로, 곡류하는 반변천 물이 부딪치는 언덕 부암傅巖 머리 위에 있다. 김진이 짚을 엮어서 건립했고, 김성일의 둘째 형 김수일(1528-1583)이 지금의 규모로 개축한 건물이다. '백운'이란 당나라 이름난 신하인 적인걸狄仁傑(630-700)의 '백운고사白雲古事'에서 유래했으며 효심이 함의된 용어이다. 이곳에는 수려한 경치를 자랑한 당대의 명성에 걸맞게, 조선 후기 전서의 대가 허목이 쓴 백운정 편액에 이황이 쓴 '이요문二樂門 · 조양문朝陽門' 등 수많은 명사가 지어 놓고

8 『영가지』 권3, 「누정 - 한송정」.

간 시의 시판들이 걸려있다. 임하구곡 중 선유정과 함께 제일로 평가되는 백운정의 인문학적 가치를 가늠할 수 있을 것이다.

백운정은 1580년 김진이 별세하자 후손들의 추념 장소이자 장수 유식처로 활용되었고, 이후 차남 김수일에게 계승되었다. 김수일의 장남 김용(1557-1620)이 광해군의 난정을 피해 은거지로 삼은 곳도 여기이다.

고성 이씨 임청각의 주인이면서 김성일의 외손 이종악(1726-1773)이 그린 『허주부군산수유첩虛舟府君山水遺帖』 8번째 '운정풍범雲亭風帆'에는 백운정과 내앞 마을의 정경이 스케치 되어있어 지금에 와서도 조선시대 백운정 일대의 풍경을 생생히 엿볼 수 있게 한다. 아래는 백운정에 게액된 시판들 가운데 설립자 김진의 시를 옮긴 것이다.

> 절벽을 깎아 정자 세운 푸른 산머리,
> 강산도 명미하다 사람 눈길 씻어 내네.
> 한낮의 맑은 물에는 물고기 무늬 얼비치고,
> 구름 걷힌 하늘 가운데 기러기 떼 날아가네.
> 고을 원님 노닐 곳으로 일찍부터 알려지니,
> 정자 부근 풀꽃들도 아름다운 덕을 머금었다.
> 술동이 앞 가없는 풍류 좋은 줄 알거니와,
> 자손들이 유령劉伶처럼 취할까 봐 걱정일세.[9]

9 『연방세고』 권1, 「청계선생일고 - 제백운정」.

七灘候船

백운정, 『허주부군산수유첩』(한국학중앙연구원 장서각 기탁자료(기탁처: 안동 고성이씨 종가 임청각))

제4곡 아양루는 임하현 최초의 서당 영흥원永興院에 있던 건물로 추정된다. 영흥원은 1568년 김진·김명일 부자가 사찰인 연암사緣岩寺를 헐어 버리고 유교의 흥성을 기대하며 건립한 강학처이다. 조선 사회의 종교적 사상적 기반이 불교에서 유교로 교체되는 현실을 잘 보여주는 상징적 건축물이라 할 수 있다. 아양이라는 이름은 중국 춘추시대 초나라의 백아와 종자기의 고사, 즉 '지음知音', '지기知己', '백아절현伯牙絶絃'으로 우리에게 널리 알려진 이야기에서 유래했다.

이후 영흥원은 임천서원으로 전환되었다가 임호서당으로 변모하여 현재에 이르고 있다. 임호서당은 김성일의 조카 김용이 어릴 적부터 왕래하며 소요하던 중지重地였다. 그가 운천雲川을 자호로 삼은 것도 백운정의 '운'과 임천서원의 '천'에서 한 글자씩을 적취摘取한 데 따른 것이었다. 김용은 1618년에 임천서원 창건 전반을 주도했고, 숙부 김성일의 의로운 삶과 제향 의의를 담은 봉안문을 손수 지어 봉안례를 주관했다. 만년에는 지근한 거리에 살며 수시로 서원을 내왕했다. 임천서원의 아양루에 올라 읊은 시가 그의 문집에 전한다.

> 저물녘 옥 거문고 안고 장고진 건너,
> 아양루 누대 위에 홀로 올랐네.
> 실구름 다 걷히니 하늘은 멀고 먼데,
> 바람 소리 들려오니 경개 절로 깊어라.
> 첩첩 산봉우리에 빼어난 기색 이어지고,
> 아득한 물가 섬에 맑은 그늘 흩어지네.

못 한가운데 홀연 보름달이 비치니,

마치 선인의 깨끗한 마음 뵌 듯하여라.[10]

현재 임호서당에 게시된 '아양루' 현판은 1967년 건물을 새롭게 정비한 뒤 게판揭板한 것이다.

제5곡은 송석산 아래에 위치한 송석정으로, 김진의 손자 김철金澈(1569-1616)이 세운 정자이다. 송석산 아래를 감아 흐르는 반변천 일원은 기이한 절경들로 가득 차 있다. 이종악은 송석에 도착했을 때 "예로부터 낙연에는 배가 올라갈 수 없다"라는 시구와 "선창에 닻줄을 맨다"라는 화제畫題를 화첩에 남겼다. 가지각색의 돌들이 강바닥에 펼쳐져 있어 배를 운행할 수가 없기 때문이었다. 그러므로 배를 묶어둔다는 뜻으로 선창船倉이라 칭했다가, 나중에는 신선이 노닌다는 선창仙倉으로 이름이 바뀌었다.

송석 일대의 진경은 이종악이 그림으로 핍진히 옮겨 놓았고, 이황의 11대손 이만각李晩慤(1815-1874)은 「동유십소기東遊十小記에 질실히 그 면모를 기술해 두었다. 후자의 내용을 소개하면, "돌들이 모두 하얗다. 가파른 돌, 불룩 솟은 돌, 움푹 들어간 돌, 안으로 쑥 들어간 돌, 평평하게 이어진 돌, 누워 있는 돌, 불쑥 일어나려 하는 돌이 흐르는 물 위에서 하나의 돌이 된다. 그래서 이곳의 돌들은 어지러우면서 또렷한 모양인데

10 김용, 『운천집』 권2, 「시 - 아양루」.

편편한 소반 같고, 가로지른 외나무다리 같고, 베로 만든 북 같고, 동이와 단지 같고, 벌집 같아서 대체로 하나의 주먹만 한 돌들이 많다. 파도가 세게 치면 넘치기 때문에 가뭄을 당해서도 물이 가득하다."[11]

이러한 송석에 대해 김진의 6대손 김성탁(1684-1747)은 낙연을 여산폭포에, 송석을 건너는 나루터를 호계에 비유해 「도연에서 송석암으로 향하며」라는 시구를 남겼다.

잠시 여산폭포를 이별하였더니,
돌아가는 길이 호계 옆을 지나네.
스님을 만나 나무 아래서 얘기하는데,
기우는 해는 봉우리 서쪽에 걸렸구나.[12]

제6곡은 앞서 밝힌 선유정으로, 임하구곡에서 최고의 자연미가 깃들어 있는 지점에 세워져 있는 영가절승永嘉絶勝으로 언급된다. 『영가지』에는 수몰 이전 선유정의 주변 경관에 대해 세세히 수록되어 있다. "선유정은 임하현 동쪽 선사 앞에 있다. 김진이 지은 것이다. 동쪽에 있는 산을 봉일捧日이라 하고, 뒤에 있는 것을 무학舞鶴이라 하며, 앞에 있는 것을 장육藏六, 왼쪽에 있는 것을 옥병玉屛, 오른쪽에 있는 것을 취병翠屛이라 한다. 취병산의 봉우리는 도경봉倒景峯이요, 옥병산의 봉우리

11 이만각, 『신암문집』 권7, 「기 - 동유십소기」.
12 김성탁, 『제산선생문집』 권1, 「시 - 자도연향송석암」.

는 탁천봉坼天峯이다."

김성일은 선유정에서 형제들과 함께 공부했으며, 이곳을 독서처로도 활용하였다. 그가 남긴 시 「선유정에 대나무를 심다」가 전한다.

옥협 주위에 신선 사는 굴이 있고,
청산이 남두성 가 꽂혀 있구나.
창은 비어 흰 구름이 방석에 닿고,
누대 높아 달빛이 침상에 드네.
벼슬함은 애당초 소원 아니고,
은거할 생각 끝내 잊지 않았네.
이에 먼저 차군을 가게 해서는,
거친 수풀 제거하고 길 열게 하네.

현재 임하면 임하리에 있는 선유정은 한국전쟁 때 소실 된 것을 1987년에 재건한 것이다.

제7곡은 '낙연落淵' · '낙담落潭'이라고 불리는 도연폭포이다. 김시온(1598-1669)이 초당을 짓고 은거한 이래 '도연'이라 칭했는데, 2개의 웅덩이에서 연유했다고 한다. 우레가 치는 듯 울부짖는 우렁찬 폭포 아래에는 질그릇 같은 2개의 웅덩이가 있어 매년 여름에 물고기가 다투어 뛰어올라 어부들의 좋은 횟감이 되어 주었다. 또 폭포 양쪽에는 기름 바위라 불린 규암硅巖과 옥으로 병풍을 친 듯한 푸른 절벽이 있어 가히 별천지라 해도 손색이 없을 만큼 경치가 수려했다.

도연은 숭정처사를 자칭한 김시온의 삶이 집약된 공간이다. 그는 병자호란 후 벼슬을 단념하고, 1640년 친상을 마친 후 폭포 옆에 와룡초당을 지어 40여 년간 은거하며 절의를 지킨 절사節士였다. 그는 대외적으로 영남의 종장으로서의 위상을 가졌고 대내적으로는 의성 김씨 가학의 적통 계승자로 평가를 받았다. 여러 문사들이 도연을 유람한 것은 비단 수려한 경치 때문만이 아니라 절사에 대한 존경 의식의 일환이기도 했을 것이다. 그러므로 이곳에 김시온을 제향한 도연서원과 숭정처사 유허비가 건립된 것은 너무나 자연스러운 일이다. 김시온이 도연폭포의 소리를 듣고 지은 오언율시로 제7곡 소개를 마무리한다.

> 용소 곁 한적한 곳에 초가집을 지으니,
> 붉고 푸른 절벽이 한적한 집 둘러쌌네.
> 산에서 솔방울 주워 새 나물 삶으며,
> 물에서 새우 잡아 큰 물고기 낚는다네.
> 아침엔 이슬에 주묵 갈아 주역에 권점하며,
> 밤에는 깃 휘장 그을도록 책을 본다네.
> 세상의 참 즐거움 이만한 것 없으리니,
> 늙어가며 만사가 헛것임을 잘 알겠네.[13]

13 김시온, 『표은선생문집』 권1, 「시 - 聞落淵聲賦短律」.

김시온 숭정처사유허비(국가유산청 제공)

신두환 교수는 제8곡 모로굴을 선유정 근처 불교와 관련한 장육당藏六堂으로 보고 있다. 도연폭포 약 5리에 신라 시대에 건립된 천년 고찰인 선찰仙刹이 있지만, 그보다 옥병서재玉屛書齋가 있는 언덕 장육원藏六原으로 보는 것이 타당할 것 같다.

「학봉연보」 1591년 옥병서재 조항을 보면 "선유정 북쪽에 있으며, 강을 사이에 두고 마주 보이는 곳에 있다. 산으로 둘러싸여 있고 물이 감돌아 흘러 그윽한 경치가 있는 곳으로, 선생이 일찍이 여기에서 학문을 닦을 뜻이 있었다. 이때 이르러 고을 사람들을 시켜 공사비를 모으고 집을 짓게 해 아이들이 글을 배우고 익히는 곳으로 삼은 것이다."라고 서재의 위치와 내력을 알려주고 있다. 원래는 김명일이 장육원에 독서처를 짓고자 했으나 완공을 보지 못한 채 세상을 떠나자, 김성일이 형의 유지를 받들어 건립한 것이다. 장육원의 동쪽에는 유선정遊仙亭이 있고, 그 뒤에는 선암仙庵이 있는, 산수가 극히 기이한 지역이었다.

> 누워서 어릴 적 놀던 형제들 생각하며,
> 가을 나무 아래 외로이 찾아 든다.
> 학문의 세계는 바야흐로 진보하고,
> 도학의 울타리를 살피려 하겠지.
> 못이 가까워 물고기 사는 줄 알겠고,
> 바위가 기이하니 호랑이가 웅크린 듯.
> 신선이 모로혈에 숨어 사니,
> 도학의 비결은 몇 번이나 의논하였나.[14]

위는 당초 독서처 건립을 기획한 김명일이 지은 시이다.

마지막 제9곡 쌍경대는 애석하게 구체적인 위치를 알려줄 만한 문헌이 전하지 않는다. 류도원이 잘못 선정했는지, 아니면 관련 문헌이 소실되었는지 입증할 기록을 볼 수 없는 것이 아쉬울 따름이다. 다만, 쌍경대가 반변천 어디에 실재한 사실만은 분명하다.

14 『연방세고』 권2, 「약봉선생문집 - 서시사제」.

임천서원에 깃든 역사 이야기

1. 임천서원의 창건과 위패 이봉移奉

조선 후기에 창건된 서원들은 처음부터 서원으로 설립하기보다는 사당 · 서당 · 영당 · 세덕사 · 정사精舍 등을 후에 서원으로 승격시키는 경우가 많았다. 임천서원도 1568년 김명일이 연암사 절터에 세운 서당을 전신으로 했다. 김명일은 1567년 12월 3일 임하현에서 최초로 서당을 지을 결심을 하고, 회문回文을 돌려 향촌의 여론을 모았다. 이때 아버지도 편지를 보내어 아주 좋은 일이라며 칭찬해 마지않았다.

다음해 2월 김명일은 지기 배천석裵天錫(1523-1573)과 먼저 서당 규모에 대해서 의논한 뒤 관아의 재가를 얻었다. 다시 여러 친구와 과연 서당터로 적합한지 서로 의견을 나누었고, 작은형에게도 자문을 구했다. 착공은 7월 21일 비가 오는 가운데 이루어졌다. 절터였던 공사장에는 5층 돌탑이 서 있었다. 일을 맡은 승려를 시켜 탑 내부를 열었더니, 종이 1장과 옥 그릇 1개가 나왔다. 종이에는 978년 3월 29일 탑을 세운 연대가 적혀 있었고, 그릇에는 사리가 담겨있었다. 이 돌탑 앞에는 3층 목탑이 있었으나, 고려 초기에 도적의 난이 어지럽게 일어나 절간과 탑이 다 허물어지자, 고을 안의 향도군香徒軍을 동원해 이 탑을 조성했다는 내력이 기록되어 있었다.

이를 본 김명일은 "천 년 동안 사악하고 더러운 이교異教에 빠져있던 땅이 하루아침에 우리 유학의 바른 터전으로 변했으니, 이제부터는 선비들의 글 익는 소리가 영원히 다함이 없어서, 천지와 더불어 함께 하여 허물어지지 않으리라."[15]고 서당 창건의 의미를 피력했다. 경상도 관찰

현재 임호서당 내 아양루 현판(필자 촬영)

사 이양원李陽元(1526-1592)도 서당을 방문해 크게 칭찬하고 감탄해 마지 않았다. 현재 안동시 임하면 임하리 969번지 일원이 그곳이다. 당시 강당을 새로 지으며, 연암사의 누각을 아양루峨洋樓라 개칭했던 것 같다. 다만, 서당의 편액은 명확히 알 수 없다.

김성일 사후 "학봉 선생이 살던 고향에 향사하는 일이 없는 것은 있을 수 없다"라는 향중의 공론이 일었다. 이에 따라 1607년 서당의 부속 건물을 개조해 사당인 존현사尊賢祠를 설치하고, 강당인 경로당을 신축했다. 당시 조카사위로 길주목사를 지낸 황여일(1556-1622)의 봉안문과 김용이 지은 상향문으로 김성일의 위패를 모셨다. 참고로 양자는 처남 매부 간이다. 김성일 사후 11년 만에 독향처가 마련된 것이다. 건물의 명

15 김명일, 『운암일기』.

칭도 임천서당에서 임천향사로 개칭하였다. 그 외 강당인 경로당의 동익재는 삼성재三省齋, 서익재는 사물재四勿齋라 이름했고, 정문은 유의문由義門 · 문루는 함영루涵泳樓라 명했다. 1615년 4월 16일 이곳을 방문한 김광계(1580-1646)는 그날 일기에 건물이 '단아하고, 깔끔했다'라고 평해놓았다.

1617년 정구가 안동부사로 부임해 학형인 김성일의 묘소를 찾아 잔을 올리면서 안동 유림에게 서원을 세울 것을 제안했다. 김성일에 대한 존모의식에서 발로한 것이었다. 이 같은 인식은 정구의 말년 역작인 81장에 달하는 김성일의 행장에 그대로 녹아있다. 정구의 제안을 수용한 유림사회에서는 공론을 모아 존현사를 중건한 뒤 임천향사를 임천서원으로 승격시켰다. 당시 예식문자는 당대 영남을 대표하던 학자들이 도맡았다. 봉안문은 정경세(1563-1633)가, 상향문은 김륵(1540-1616)이, 중건상량문은 이준(1560-1635)이 각기 찬술했다. 아래는 그 중 정경세가 김성일의 생평을 함축한 봉안문이다.

• 임천서원 봉안문[16]

강직하긴 무쇠에다 곧기는 화살, 옥병처럼 깨끗하고 맑았었다네.

임금 앞에 직언하던 충성이었고, 국난 위해 목숨 바친 절개였었네.

퇴계 선생 계시었던 그 문하에는, 아름다운 인재들이 구름 같았네.

16 정경세, 『우복집』 제16권, 「제문 - 임천서원 봉안문」.

그런데도 재주와 덕 논해 본다면, 공이 실로 가장 앞을 차지하였네.
슬프구나 하늘이 아니 남겨 두어, 그 재주를 끝까지 다 못 펼치었네.
대들보가 부러져서 무너진 뒤로, 무덤 앞의 나무 이미 많이 자랐네.
그 의용과 그 음성이 멀어져 가매, 추모할 새 사모하는 마음 간절하네.
사당에 모시어 제향 아니 올리면, 그게 어찌 남긴 은택 갚는 거리오.
날아갈 듯 우뚝 솟은 저기 저 사당, 예전 건물 고치어서 새롭게 했네.
처진 처마 깊숙하고 기둥 높은데, 정남쪽을 향하여서 자리 잡았네.
길한 날을 택하여서 편히 모시니, 선비들이 뜰 가득히 모여들었네.
덕스러운 임의 모습 그려 보노니, 눈 앞에 아련하게 떠오르누나.
경건스러운 이 제사를 감림하시어, 이 뜨락에 혼 오르고 내리시면서
우리 후세 사람에게 은혜 주시되, 영원토록 끊어짐이 없게 하소서.

아마 1618년 임천서원의 모습은 오늘날 흔히 보는 서원의 공간 구조와는 사뭇 달랐을 것으로 추정된다. 서원에는 동·서재가 없는 대신 함영루와 아양루 문루 2채가 존재했던 것 같다. 사당 앞에 좌향하여 강당을 두고, 그 좌우에 동·서재를, 그리고 누각을 배치하는 전형적인 서원 건축 형태는 아니었던 셈이다. 숙수사 옛 절터에 들어선 소수서원처럼 초기 서원의 건물 배치를 엿볼 수 있는 대목이라 하겠다.

그러나 향론으로 만들어진 임천서원은 얼마 지나지 않아 현판을 내리고 말았다. 1620년 안동에서 최초로 이황을 모신 여강서원으로 김성일의 위패를 옮겼기 때문이다. 안동 향내에 여러 개의 서원이 있는 것은 부적절하다는 여론이 작용한 결과였다.

한편 여강서원과 내앞 김씨 가계는 인연이 깊었다. 김수일이 원장으로 재직하는 동안 이황의 위패를 여강서원과 도산서원 2곳에 봉안한 뒤 석채례를 행한 바 있었다. 김성일 본인과 동생 김복일(1541-1591)도 100칸이 넘는 규모의 서원이 완공되는 데 주도적인 역할을 했다. 그 뒤 김성일의 후학들은 위패가 옮겨진 여강서원을 중심으로 결집해 향중의 공론을 이끌어 나가게 된다.

반면 김성일의 위패가 이안되어 제향의 기능을 상실한 임천서원은 서당으로 개칭되어 문중의 강학 공간으로 유지되었다. 1644년 김용의 위패를 모시려 했으나 상황이 여의치 않았다. 그러다가 1685년 내앞 김씨들은 분암을 확장해 중흥조 김진을 주향하고, 그의 다섯 아들을 종향한 경덕사景德祠를 설립한다. 이때 임천서당을 합속해 서당이 보유한 서책과 토지 · 노비는 모두 경덕사로 귀속시켰다.[17] 1709년에는 경덕사의

17 한국국학진흥원, 「사빈서원 창건시 일기」, 『국역 조선시대 서원일기』, 2007.

사빈서원(국가유산청 제공)

장소가 협소하다는 이유로 마을 밖 사수변泗水邊에 이건한 뒤 사빈서원으로 개칭했고, 이건 과정에서 필요한 목재를 충당하기 위해 임천서당을 철거해 재목材木으로 활용하였다. 서당이 철거된 곳에는 주춧돌만이 덩그러니 남았다.[18]

2. 임천서당의 재건과 임천서원 복원

> 안동부 동쪽 임하현 큰 냇가에 옛 서당이 있었으니, 그 집 편액을 임천서당이라 하고, 그 누각 이름을 아양루라 하였습니다. 중간에 학봉선생을 제사드리는 장소로 삼았는데, 얼마 뒤 여강서원에서 선생을 배향하는 의식을 거행하고 위판을 그곳으로 옮겨 모신 뒤, 재목과 기와 토지 노비 등을 사빈영당으로 소속시켰습니다. 이제 거의 수백 년의 오랜 세월이 흘렀건만, 그 터가 남아 있고 주춧돌이 배열되어, 완연히 마치 어제 일인 듯합니다. 아하, 선사先師께서 학문을 전파하던 땅이요, 선비들이 스승을 모시고 공부하던 터전이 하루아침에 농부가 발 가는 농토와 목동이 소먹이는 골짜기로 변하였으니, 이 어찌 후세 사람들이 개탄할 일이 아니겠습니까?

위는 1803년 3월 24일 구계서원 향사에 참석한 이현일의 손자인 생

18 『泗濱志 - 己丑移建時日記』.

원 이중조李重祖(1737-1806)와 수곡 출신의 생원 류정엽柳廷燁(1737-1814)이 임천서당 중건을 발의한 내용의 일부이다. 100여 년 만에 다시 임천서당을 세우자는 논의가 제안된 것이다. 그 재건 과정은 현전하는 『중건일기』에 상세히 남아 있다. 이 일기는 원래 전주 류씨 정재종택에서 소장하고 있다가 한국국학진흥원에 기탁한 것으로, 1803년 3월 24일 발의부터 1812년 8월 9일 백일장 개최까지 10년의 기록이 담겨있다. 단, 1808년부터 1812년까지의 기록은 소략한 편이다. 총 분량은 표지를 제외하면 62면이다. 작성자가 누구인지는 명확하지 않으나, 표지 뒷면에 '김진성金鎭城(1843-1918) 장粧'이라는 출처를 제공하고 있다. 내앞 김씨 출신인 김진성의 생몰연대를 고려하면 후대 서당의 임원을 지내면서 다시 정서한 것으로 해석된다.

임천서당 중건 여정은 크게 ①기획 · 준비(1803~1804), ②서당 중건 공사(1805~1808.5), ③서당 운용 관련(1808.5~1810) 3단계로 진척되었다. 일기를 바탕으로 주요 공사 일정을 재구성했다.

임천서당 중건을 결의한 통문이 내앞에 도착하자, 곧바로 각 마을에 이 사실을 전달했다. 중건에 찬성하는 여론은 뜨거웠다. 이를 명분 삼아 4월 26일 사빈서원에서 문회를 열어 중건 일정과 임원을 선발했다.

- 도도감 : 수곡 생원 류정엽, 묵동 이중조, 천전 김계
- 성조도감 : 법흥 이의수, 오대 김명운, 망천 김찬운, 임하 권상기, 천전 김두운

임원은 전주 류씨, 고성 이씨, 의성 김씨, 안동 권씨로, 향중 호유虎儒계 핵심 가문 출신으로 구성되었다.[19] 호유계의 공감 속에서 재건 공사가 시작이 되었다. 재건 실무를 맡을 유사는 각 면과 마을에서 선출하기로 했다. 다만 중건 비용에 대해서는 구체적으로 밝히지는 않았다. 이날 성주에서 유람 차 왔다가 이 광경을 목격한 이규운이라는 사람이 감탄하여 스스로 돈을 내고 당원에 가입하는 일도 있었다. 서당 중건이 도내 사족 사회의 관심사가 될 것을 암시하는 순간이다.

도감에서는 납입금 확보를 비롯해 건축 규모 정립, 각 공역 및 담당자를 배정해 본격적인 공사 준비에 돌입했다. 그런데 재원 조달이 예상보다 저조해서 재원 마련을 위해 안동 관아에서 4~5천 가구의 호적대장을 얻어왔다. 도움을 받을 수 있는 사람을 찾으려는 방편이었다. 그러나 호적 필사를 맡길 돈이 마땅치 않아서 해를 넘긴 정월 7일에야 겨우 마을에 분업했다. 그 와중에 도감 권상기가 사망했다는 불행한 소식이 들려왔다. 이 때문인지 1804년에는 사업에 아무런 진척이 없었다. 1805년에도 진행이 지지부진한 것은 마찬가지였다. 서당 터 방향과 약간의 목재만 운반했을 뿐이었다.

1806년 새해가 밝자 먼저 벌목·운반유사는 목재 확보와 운반, 제재製材 작업을 병행하여 공사 채비를 갖추었다. 1월 23일을 공사 시작일로 정하고, 전 부사 류범휴(1744-1823)에게 터를 닦는 축문과 상량문을 부촉

19 호론계 성관에 대해서는 한상우, 「조선후기 鄕戰을 통해 본 양반층의 親族, 婚姻 - 안동의 屛虎是非를 중심으로 -」, 『대동문화연구』 81, 2013, 87~89쪽 참조.

했다. 1월 26일 아침 6시경에 마침내 개토제를 올렸다. 다음날 정오에 장로들이 언덕에 올라가 임천서당의 옛일을 이렇게 술회했다.

> "이 땅에 옛날에 연암사란 절이 있었는데, 학봉 당시에 이르러 절터를 쓸어버리고 서당을 창건하였다."
>
> "임하현 북쪽에 산이 있으니 이름을 개산이라 하고, 개산 동쪽에 들판이 있으니 이름을 칠전이라 한다. 여울물은 칠리탄七里灘에 다다른 듯하고, 산은 무이구곡이 서려있는 듯하며, 안개 숲이 은은히 빛나고, 자리한 위치가 맑고 그윽하다. 한 고을 가운데 자리 잡아 사방에서의 멀고 가까움이 다 같으니, 묻혀 공부할 터전을 세우고자 하였다."

각 마을에 분담시킨 곡식의 납부를 독촉하면서, 2월 5일에는 주춧돌을, 다음날에는 기둥을 세웠다. 그런데 막상 세워진 남쪽 기둥에 오차가 있었다. 도감이 도목수를 질책했지만 어찌할 도리가 없어, 대들보 위의 홈 가운데 상량문을 갈무리했다. 곡식 수합 문제라는 잡음 속에서도 아양루 터 앞에 괴목 2그루를 심었고, 매입한 13채의 집을 헐어서 기와를 며칠간에 4,210장 운반해 왔다.

그런가 하면 3월 24일에는 품삯 때문에 목수와 언쟁이 생겼다. 돈과 인력이 부족했기 때문이었다. 관계자들이 아양루에 모여 대책을 수의한 결과, 사빈서원과 경로소에 도움을 청하기로 결정되었다. 강당과 부엌채 공사가 한창일 무렵인데 여전히 재원이 충분치 않은 상황이 이어졌다. 대안으로 부유한 민가, 경로소 소속 마을, 여러 서원 · 서당, 나아가

감영에까지 손을 벌렸다. 이것이 어느 정도 효과를 발휘한 듯하다. 5월 18일 "천전의 도소에서 온 사람이 다른 지방에서 추가로 가입하려는 사람이 날마다 찾아온다."라는 기사가 보인다.

1806년에는 우여곡절을 거치면서도 강당, 부엌, 행랑채 3개의 건물이 지어져 서당의 규모를 갖추게 되었다. 다만, 11월 20일 도도감 이중조의 부고가 날아와 주위를 숙연하게 했다. 서당이 중건되자 여러 사람이 내방해 경치를 감상하면서 칭찬을 아끼지 않았다. 단오에는 부녀자와 어린이들이 서당에 모여 와유臥遊를 즐기기까지 하였다.

1808년 5월 18일 서당의 원활한 운영을 위해 당장에 전 부사 류범휴를, 유사에는 진사 이종주와 생원 김양운을 임원으로 선출했다. 다음해에 류 당장은 지역의 장로들을 초청해 서당의 재정 확충을 위해 회비 수렴, 각 서당에 도움 요청, 경로소와 사빈서원 별소의 재산 증식 방안을 제기했다. 특히 3번째 안을 보면 임천서당이 내앞 김씨의 지원과 협조하

석문정사 현판(한국국학진흥원 제공)

에 있음을 거듭 확인할 수 있다. 실제로 두 기구에서는 전답을 본 서당에 기부했다. 이후 일기에는 문회와 백일장 개최 및 임원을 교체한 사실만이 간략히 언급되어 있다. 이때까지 서당에 김성일의 위패는 따로 안치되지 않은 환경이었던 것 같다.

1805년 영남 4현 승무소[김성일 · 류성룡 · 정구 · 장현광]가 실패한 뒤 임천서원 복원 문제가 전前 현감 이세윤(1730-1798)과 전 참판 김굉(1739-1816)을 중심으로 발의가 되었다. 당시 임천서원 복원 발의의 이면에는 이 시기 격화된 병호시비 속에서 호유 세력의 결속력을 강화하고자 한 의도도 포함되어 있었다. 안동 사림에서는 1824년에 권호문의 제향처이며 『영가지』를 간행한 청성서원에 모여 김성일이 세운 석문정사石門精舍 근처에 임천서원을 복원하는 것으로 합의했다. 낙동강변의 절경을 자랑하는 석문정사는 김성일이 1587년에 건립한 것으로, 정사 입구에 두 개의 바위가 마주 보고 있다 하여 석문정사라 이름했다. 김성일이 만년에 낙동강변의 산수와 자연경관을 벗 삼아 학문을 익히고, 후진 양성과 만년의 은거처로 삼기 위해 마련한 공간이었다.

복원 발의 세력은 1826년에 재차 경광서원에 회합해 논의를 이어갔다. 이때 종가인 금계본가에서 기금으로 500전을 쾌척했고, 유림들도 형편에 따라 각출하였다. 그런데도 사업 진행은 지지부진하기만 했다. 1830년 내앞 김씨의 거점 사빈서원에서 강운姜橒(1772-1834)이 강학을 펼치며 복원의 필요성을 또다시 주창했다. 그는 영남에서 특이하게 소론계의 정체성을 가진 봉화 법전 출신으로 류범휴를 비롯한 대산문인들과 친밀하게 지내면서, 지역 강학을 이끈 관료학자였다.

그러나 공사 착수는 5년이 지나서야 도회를 개최하면서 공론화된다. 이때 영건도감 이태순李泰淳(1759-1840)을 위시해 각 분야 임원을 선임, 일을 진행할 수 있는 진영을 꾸렸다. 그러나 이 자리에서 복원장소 후보 석문·계곡桂谷·학고鶴皐 3곳을 두고 갑론을박이 계속되어 결정을 내리지 못했다.

석문은 앞서 언급한 김성일이 50세에 지은 청성산靑城山 낙동강 가에 있는 석문정사를 말하며, 계곡은 엄곡촌의 별칭이다. 학고의 위치가 어디인지는 현재 파악하기 어렵다. 그러나 복원장소는 의외로 위의 3곳이 아닌 석문정사 가까이 있는 호암촌湖岩村으로 최종 낙점되었다. 복원 주도 세력은 이 사실을 도내 열읍에 통보하고, 공사 인부들을 동원해야하는 형편 때문에 우선 부엌[廚舍]부터 건축했다.

그러나 1845년, 세부적인 이유는 알 수 없으나 장소가 또다시 바뀌어 석문정사에 5리쯤 떨어진 안동 서부지역에 있는 엄곡촌崦谷村에 사는 배씨 소유의 땅을 매입해 서원을 복원하는 것으로 최종 결론이 난다. 이때도 부엌을 먼저 설치하고 1847년 강당을 완공했다. 강당 전면에는 한석봉의 글씨를 모각한 임천서원 편액을, 강당에는 홍교당弘敎堂이라는 편액을 걸었다. 1849년에는 학생들의 기숙사인 동재와 서재를 완성해 직방재直方齋와 건척재乾惕齋라 했다. 동·서재의 글씨는 퇴계 선생 병풍의 글자를 집자한 것이었다. 그리고 중간한『학봉선생문집』책판을 서재에 옮겨와 보관했다.

1850년에는 정문인 입도문入道門을 세웠고, 다음해에는 간행된 지 오래되어 자획이 닳아 결락이 많이 된『학봉선생문집』을 서원에서 중

『학봉선생문집』(한국국학진흥원 소장 - 의성김씨 학봉종택 기탁자료)

간했다. 문집 중간 시에 『해사록海槎錄』은 따로 한 책이 되어있던 것을 분류에 따라 합쳤고, 미처 편입하지 못했던 것은 부록으로 편제해 출판하였다. 중간 발문은 김성일의 학통을 계승한 당대 영남의 종장 류치명이 썼다.

1855년에는 드디어 사당인 숭정사가 만들어졌고, 이로부터 1년 뒤에 김성일의 위패를 숭정사에 안치하면서 무려 240년 만에 임천서원이 재탄생하게 되었다. 봉안문은 류치명이, 중건기는 이만각이 지었다. 이날 행사에는 무려 도내 유생 1,400여 명이 운집했다. 김도화(1825-1912)는 낙성하는 날에 위로되고 다행한 마음에 한 마디 하지 않을 수 없다며 율시 한 수를 지어 김성일의 11대 종손 김흥락에게 주었다.

낙동강 가에 정기 모인 지 수백 년 세월, 서원 새로 열려 통천의 감흥이네.
백록동 규모라 옥토에 명성 떨치고, 경렴정 소식은 갠 하늘에 달이로다.
은혜에 보답하려 장인들 정성 다하고, 가업 이은 훌륭한 자손들 힘을 썼네.
훨훨 나는 제비도 만수무강 축원하니, 영원히 제사 지내 허물 짓지 않게 하오.[20]

1861년에는 서원 입구에 누각인 광풍제월루가 들어서면서, 장장 15년이 소요된 복원의 결실을 보았다. 임천서원 사례를 통해서 전통시대에 서원 건립 내지 복원 사업이 얼마나 어려웠는지 알 수 있다. 영남을 대표하는 명문가에서 조차 사정이 이러했으니.

• 임천서원 중건기[21]

임천서원은 옛날에는 복주福州 치소 동쪽, 임하현 서쪽에 있어서 문충공文忠公 학봉 김 선생을 제사 지내었다. 그러다가 뒷날 선생을 호계虎溪의 존도사尊道祠에 올려 배향하게 되니 이 서원은 마침내 철폐되었다. 대개 중첩하여 제사 지내는 것을 혐의하여서 그런 것이다.

하지만 당시 사론은 도리어 중첩 제사를 꺼리는 바가 아니었다. 이를테면 채구봉蔡九峰, 진서산眞西山, 유운장劉雲莊의 세 현인은 이미 연원사淵源祠

20 김도화, 『척암집』 권1, 「시 - 임천서원 낙성하는 날에, 위로되고 다행한 마음에 한마디 말이 없을 수 없어」.

21 이만각, 『신암문집』 권7, 「기 - 임천서원중건기」.

및 자양원紫陽院에 배향하였는데, 그것은 모두 주부자(주자)의 사당이었고 건녕부建寧府 땅에 있었다. 그런데도 채공과 진공과 유공은 각각 포성浦城, 무이武夷, 오포烏浦의 사원이 있었으니, 모두 건녕부의 경계를 벗어나지 않는다. 그리고 류문충공柳文忠公(류성룡)의 병산서원屛山書院은 백 세 지나도록 존숭하여 제사 지내는 땅이 되었으니, 역시 멀리 중원의 문헌을 인용할 필요도 없다.

이에 다시 전적으로 선생만을 제향하는 방법을 의론하기 시작하였으나, 전후 2백 년 사이에 거듭 지역이 바뀌어 누차 안정을 이루지 못하였다. 학고鶴皐와 호암湖巖이 모두 그 터로 점쳐진 곳이다. 그러다가 헌종 을사년에 처음으로 부府의 서쪽 청성산靑城山 엄곡에 선생이 옛날 학문하시던 석문정사石門精舍로부터 5리밖에 떨어지지 않은 곳에 땅을 얻었다. 동부洞府가 널찍하고 임학林壑이 아리따우며 두 물과 세 산이 넘실대며 둘러앉아서, 저절로 형세를 이루었다. 점을 쳐서 터를 정하는데, 이곳과 바꿀 만한 곳은 당연히 없었다.

마침내 다음해에 공사를 시작하고 그다음 을묘년에 공역이 끝나서, 내년부터는 제향할 수 있게 되었다. 사당은 숭정崇正이고, 당堂은 홍교弘敎이며, 좌우의 익실은 양호養浩와 응도凝道이다. 동서 두 서재는 직방直方과 건척乾惕이다. 또 입도入道의 문과 광풍제월光風霽月의 누를 두었으며, 서원의 호는 옛날 그대로 하였다. 대개 선생의 성취와 덕업이 당대를 빛내시고 후인을 계발하신 것은 실로 병명屛銘을 전수하신 취지에 근본하고 있다. 그러므로 사당과 당재의 호는 대부분 그것에서 끌어다 취하였다.

처음에 선생이 나이 열아홉에 도보로 가서 도산 노선생(퇴계 이황)을 배알하였는데, 선생께서 한 번 보시자마자 곧바로 "내가 이 눈으로 이 사람과 짝할 만한 이를 본 적이 없다."라고 하셨다. 그리고 거듭해서 시로 장려하셨다. 그러다가 정말로 힘을 기른 것이 오래되어 장차 소득이 있게 되자, 요순 이래 전해 온 심법心法을 차례로 서술하여 병명屛銘을 지어 주셨다. 대개 어릴 적부터 한 사람에게만 전하고 비밀스럽게 부탁한다는 뜻이니, 다른 사람들이 함께 들을 수 있는 것이 아니었다.

조정에 추대되어 배운 바를 정치에서 실시하고 사용하게 되자 졸지에 대의를 창도하여 국가에 순국하였으니, 덕행과 훈업이 백대 이후까지 환하게 빛나게 되었다. 그리하여 우리 유학의 정심正心과 성의誠意의 공력이 과연 하늘의 경륜을 심고 인륜의 기강을 부지하며 국가의 정맥을 수립할 수 있다는 사실을 알 수가 있고, 노선생께서 선생을 인도하여 더욱 광대하게 만드셨다는 사실을 알 수가 있다.

그러므로 도산 이후로 사숙하는 여러분들의 중론이 모두 선생을 노선생의 적전嫡傳으로 여기게 되었다. 그리고 고종瞽宗의 제사도 역시 마땅히 선생을 낙조樂祖로 삼아야 한다고 여긴다. 다만 애석하게도 두 무廡에서 제사를 지내자는 의견이 전후 분분하여, 선생의 신위가 그 당시에는 배열되지 못하였다. 이러한즉 후학 가운데 흠모의 정을 부쳐 성의를 펴고자 하는 자들이 도리어 여기에 급급해하지 않을 수 있겠는가?

그렇기는 하지만 그 사람을 존중하여야 이에 그 도를 밝히게 되고 그 도가 밝아져야 이에 그 학문을 강론할 수가 있다. 지금 그 학문을 강론하고 그 도리를 밝히는 바가 어찌 다른 것을 기다릴 수 있겠는가?

역시 공경할 따름이다. 흠일欽一에서부터 박약博約에 이르기까지 비록 각각 차이가 있기는 하지만 어느 것이나 모두 경敬의 종지가 아닌 것이 없다. 그러므로 지금 편액을 하여 걸어서 의리를 취한 것이 역시 그 사이에서 간택하지 않은 것이 없다.

무릇 서원에 들어서는 우리는 시간에 고금의 차이가 있기는 하여도 마음에는 선후의 사이가 없음을 알게 된다. 학문하여야 할 바를 생각하여 천고의 도를 계고稽考하여 뭇 성인들과 부합하는 일은 나날이 서로 주고받아서 한 당 위에서 받아들인 것과 다를 바가 하나도 없다. 그러므로 부디 선생의 마음에서 얻는 바가 있어서 선생을 높이고 제사 지내는 데 부끄럼이 없기를 바란다.

나는 사사로이 선생의 풍모를 듣고서 상상하고 감분하는 바가 평소에 있는 데다가 일찍이 여러 편액을 걸었던 의리에 대해서도 조금 알고 있었다. 그런데 지금 본원의 유사들이 청이 있어서 외람되게도 문장을 짓는 일로 성명을 그사이에 내걸게 되었으니, 사양하지 못하고 참람되게 이같이 기록하는 바이다.

이만각李晩慤

3. 1차 청액 활동과 서원의 훼철

'사액서원에 입향 된 사람은 국현國賢이 되고, 향사鄕社에 입향 된 사람은 향현이 되는 것은 어길 수 없는 일입니다'[22]라는 문구에서 드러나듯 사액 여부는 서원의 위상을 가늠하는 긴요한 척도였다. 또한, 대체로 조선 후기 향권을 주도하는 다수의 가문이 사액서원을 보유하고 있었다.

임천서원이 복원되고 얼마 지나지 않아 국가의 공인, 즉 사액의 필요성이 대두되었다. 1863년 병산서원의 사액 결정과 흥선대원군 집권 후 서원 정책의 외부적 변화가 직접적인 동기였다. 물론 전자의 이유가 후자보다 큰 자극 요인으로 작용했다. 병산서원은 광해군 대에 건립이 되었음에도 이때서야 비로소 사액이 이루어졌다. 그것도 1832년, 1853년, 1863년 3차례의 청액 운동이 있었던 뒤였다. 이는 인조반정 이후 서인西人 집권층이 류성룡을 붕당 발생의 당사자 또는 남인의 영수라 여겼던 인식이 반영된 결과로 풀이할 수 있다. 그래서 다른 서원과는 다르게 사액 되지 못하다가 철종 연간 후손들이 집권세력과 연결되면서 숙원 사업을 이룬 것이다. 다른 한편으로는 대원군이 집권한 직후 전국 각 읍 소재 서원의 경제 상태를 상세히 조사하여 보고토록 일선에서 지시가 내려온 상태였다. 당시 전문傳聞에 따르면 사액서원 이외에는 모두 훼철한다는 의론이 항간에 떠돌았다. 서원훼철을 위한 기초적 준비작업의 일환에서 모색된 것이었다.

이 같은 흐름 속에서 1864년 5월 3일 안동향교에서 향원들이 모여 임천서원의 청액소 추진을 발의한다. 이 청액 과정은『임천청액일기臨川請額日記』로 정리되어 있다. 전주 류씨 출신으로 김흥락과 친교가 두터웠던 류기호柳基鎬(1823-1886)가 1864년 4월 15일부터 10월 9일까지 일련의

22 김지원 저, 김혈조 역,「天, 烏有居士傳」,『(국역) 일선속지』, 구미문화원, 2009.

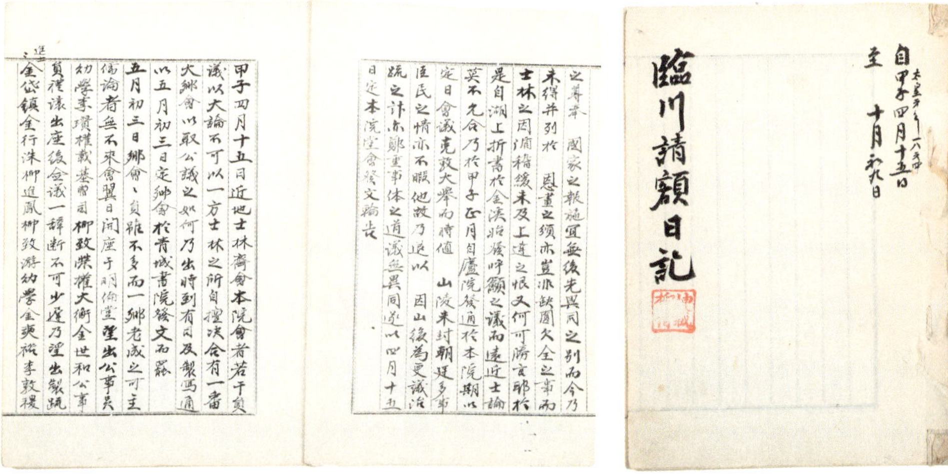

『임천청액일기』(한국국학진흥원 소장 - 전주류씨 박실(박곡) 수정재고택 기탁자료)

청액 활동을 기록한 일기이다. 본 일기를 중심으로 그 노정을 따라가 보자.

5월 15일 도회에서 공사원을 선임한 뒤 "두 문충文忠 선생을 배향하는 사당에 아직 사액의 은전을 입지 못했으니 크게는 유림의 억울한 것이었는데, 이제 병산서원이 이미 지난가을에 사액을 받기만 기다리고 있습니다. 임천도 의당 같은 처지에 있는데도 유독 은전의 내림을 받지 못했으니 어찌 우리 당의 책임이 아니겠습니까."라며 사액을 청해야 하는 명분을 표명했다. 이어 4본의 소장疏章이 작성되자, 5월 27일에 한국서원의 효시이자 전범이라는 상징성을 지닌 소수서원에서 수백 명이 모인 청액 도회를 개최하고 소수疏首에 이문직李文稷을 선출했다. 19세기 소수서원은 영남학파 중에서도 이상정의 학통을 계승한 호학湖學계열 인사들이 운영을 주도한 것이 특징이다.

도회 다음날 14명의 소유疏儒들이 상경 길에 올랐다. 그러나 무더운 날씨에 장마까지 겹쳐 상경하는 것이 마냥 쉽지 않았다. "중간에 비를 만나 온갖 고생을 겪었습니다. 단양을 지난 이후로는 물길이어서 말을 타고 갈 수 없으니 인마를 돌려보냈습니다. 배를 타고 순조롭게 내려갔으나 북창北倉의 여울에 이르러서는 돌에 걸려 배가 부서져 거의 죽었다가 겨우 살아났습니다."라는 기사에서 저간의 사정을 알 수 있다. 그래서 죽령을 넘은 지 13일 만에 목적지인 반촌에 당도한다. 그마저 형편상 한군데에 근거지를 정하지 못한 채, 개인적으로 각기 숙소를 마련했다. 소수와 소색疏色은 호상湖上의 여관에 거처했다.

첫날에 임천서원 원장을 지낸 승지 이만운(1815-1886)을 필두로 재경 영남 관료들의 문안이 잇달았다. 놀랍게도 그들이 하는 말은 하나 같이 '청액 상소하는 일은 시의時宜를 헤아리지 않은 것 같다'라는 부정적인 말뿐이었다. 대원군의 대對 서원 강경 기조를 에둘러 말해주는 것이었다. 소유들은 애써 이 일은 '공의'와 관련된 것이라며 동요하지 않고 강행 입장을 굳건히 했다.

일반적으로 청액 활동은 상경 유소들이 대궐 문밖에 소청疏廳을 설치한 뒤 성균관의 근실謹悉을 거쳐 승정원에 봉입하고, 유소가 원만히 해결될 수 있도록 실권자들에게 청탁 인사를 다니는 것이 상례였다. 하지만 당시 성공 여부의 관건은 전적으로 대원군의 의중에 달려 있었다. 따라서 서원 측에서는 대원군에게 이 일을 주선해 줄 만한 인물을 물색하기에 집중했다. 그중에는 안동 김씨 세도 정권의 핵심 김수근의 아들인 이조판서 김병학(1821-1879)도 포함되어 있었다. 그 와중에 영남 사람들의 기대가 컸던 승지 강란형姜蘭馨(1813-?)이 대원군이 유소를 보고 매우 노여워하며 소두의 이름을 물었다는 소리를 전했다.[23] 이를 접한 소두는 웃으며 "이치에 맞지 않는 말은 믿을 필요가 없다. 상소한 일 이래로, 유림이 청액을 했다 하여 도리어 형배刑配의 벌을 받았다고 듣지 못했다. 하물며 조정에서 우리 선생님을 대우하고 우리 사림을 대우하는 것이 어찌 이와 같겠는가? 설령 앞으로 죄를 얻더라도 소문에 휘둘려서 갑자기 스스로 해산하여 돌아갈 수는 없다"라며 단호한 태도를 보였다.

예조판서 이의익李義翼(1794-?), 대원군의 숙부 이도중李棠重(1784-1872), 강란형 등이 대원군에게 주선할 의사를 내비친 것을 제외하면, 별 소득없이 시간만 두 달이 흘렀다. 설상가상으로 1864년 7월 27일 서원 훼철의 공식 출발점이자 방침 설정인 신정왕후의 전교가 반포된다. 이 전교는 일전에 전국 서원의 전수 조사를 바탕으로 첩설 및 사설私設 서원에 대한 철폐를 시사한 것이었다. 청액 소유들은 이런 상황에도 병산서원 사액이 성사된 결과를 보고 낙관론을 유지하고자 했지만, 성균관에 통문 발송을 하는 것에 대한 이견, 동료들의 귀향, 경비 부족, 관료들의 무관심 등 복잡한 상황이 노정되었다. 저자는 "일을 성사시킬 방법이 없고 의논도 일치하지 않으니..."라며 고단함을 토로했다.

지지부진함을 면하지 못하던 차에 대원군이 낙동대감 류후조(1799-

23 이돈우, 『긍암선생문집』 권3, 「서 - 강승지에게 주다」(1864).

흥선대원군(국립중앙박물관 제공)

1876)를 만난 자리에서 임천서원 소유들의 낙향을 권유한 사실이 전해졌다. 9월 22일에는 대원군은 "학봉서원이 사액이 없는 것이 무슨 흠이 있는가"라며 확고한 입장을 전달했다. 이후에도 대원군의 경고는 여러 경로를 통해 계속 날아왔다. 10월 9일 경주 양동출신의 대사성 이능섭李能燮(1812-1871)이 본 사안으로 마침내 대원군과 면담했다. 기사환국 이래 영남 사람으로는 처음 대사성에 오른 이능섭은 학봉종가와는 척연이 깊은 인물로, 김흥락과 내외종 간이다. 두 사람의 대화는 이러했다.

이능섭	영남 소유들이 반년이나 넘도록 머무르니, 매우 걱정스럽고 답답합니다.
대원군	어느 소유인가?
이능섭	김학봉 서원을 사액하는 일입니다.
대원군	나도 들어 알기 때문에 아무 문관에게 내려가게 했는데 끝내 가지 않았는가?

이능섭　영남의 일은 기호의 한 읍의 한 유생이 자의로 세운 것과는 다릅니다. 이번 상소의 일은 70개 고을의 선비들이 공론을 모아 보낸 것입니다. 어찌 일한 것도 없이 내려갈 수 있겠습니까? 반드시 복합하고 가려는 것이지, 명령을 받고 물러나려고 하는 것은 아닐 겁니다. 이루어지고 이루어지지 않는 것은 하늘에 달려 있으니, 한 장의 상소를 올린 뒤에야 그칠 것입니다.

대원군　지금 이 동조東朝에서 서원의 일로 진노하는데 어찌 감히 갑자기 상소를 올리는가? 영감이 그들에게 권하여 보내라.

이능섭　소유들이 어찌 소인의 한 마디로 물러나 돌아가겠습니까?

대원군　대사성의 지위가 되어 다른 도의 유림 일도 모두 주장할 수 있는데, 하물며 본도의 유생에게 있어서야?

이능섭　영남의 유론은 이와 같지 않습니다.

대원군　유생들에게 내 말을 듣고 시행한다면 나 또한 유생들의 말을 받아들일 때가 있을 것이다. 나는 영남에 대해서 소홀히 대접하지 않았다.

일기는 여기까지이다. 대원군의 마음을 돌릴 가망이 없는 이상, 임천서원의 사액은 사실상 물 건너간 일이었다.

1865년 3월 대원군은 조선의 존명 의리를 상징하는 공간이자 노론의 성지였던 괴산의 만동묘萬東廟를 헐어 버렸다. 만동묘의 훼철은 양반사회에 엄청난 충격을 준 정치적 이벤트였으며, 대대적인 서원 훼철의 신호탄이었다. 이어 대원군은 1868년 8월 "서원은 망국의 근본으로 서원의 효시인 소수서원을 없애야 나라가 나라답게 될 것이다"라고 선언함과 동시에 미 사액서원에 대한 훼철에 돌입했다. 당시 경상도에는 전국에서 가장 많은 미 사액서원이 분포해 있었다.[24] 당초 임천서원은 미 사액서원임에도 예조로부터 사빈·병산서원과 함께 훼철 대상에서 특별히 제외되어 있었다. 서원을 경영하는 의성 김씨와 풍산 류씨는 영남 남인을 대표하는 성씨인 관계로 대원군도 이를 배려하지 않을 수 없는 사정 때문이었다. 이 같은 대원군의 향론 분열책은 서원 훼철에 상당히 주효했다. 그러다가 안동에 소재한 미 사액서원 25개소가 2차례에 걸쳐 훼철이 마무리되자 상황이 급변해 임천·사빈서원을 전격적으로 포함시켜 버린다. 이를 피하기 위해 임천서원에서는 다방면에서 노력을 기울였지만 역부족이었다. 이에 김흥락은 서원 보전이 어렵다고 판단해 위패를 문 앞에 묻고 공사 간의 충돌을 피하자는 의견을 개진하며 당시 심정을 읊은 시가 문집에 전해진다.

풍랑 세고 강빛 검고 눈보라도 치는데,
한참 봄날이 가을 같아 마음이 더 상하네.
가련해라, 희고 흰 강당 앞의 나무는,
황혼을 향해 갈수록 죽도록 향기롭네.[25]

24 이수환, 『조선후기 서원연구』, 일조각, 2001, 360쪽.

25 김흥락, 『(국역) 서산선생문집 1』, 「시 - 서원훼철령이 내렸을 때 임천에 있으면서 강가의 매화를 읊다(무진년 1868)」, 한국국학진흥원, 2016, 80쪽.

주변에서는 조정의 훼철령이 다시 내려진 후에 하여도 늦지 않다는 의견이 우세해 위패를 석문정사에 임시로 옮겼다. 이러는 사이 안동부사가 장교와 아전 10여 명을 계속 보내 훼철을 종용했다. 그러던 어느 날에는 갑자기 함성이 진동하더니 경상감영에서 파견한 비장裨將의 감독하에 안기역졸安奇驛卒 100여 명이 서원에 난입해 건물을 부수기 시작했다. 이때 『학봉선생문집』 판본이 보관된 서재와 문루인 광풍제월루만 남기고 모두 철거하였다. 허나 이것이 끝이 아니었다. 며칠 뒤에 당시 차전놀이의 최강팀으로 유명한 안동 서부장정들이 다시 야밤에 들어와 남아 있는 건물들을 마저 허물어 버렸다. 유생 기행현奇幸鉉(1843~?)이 쓴 『홍재일기弘齋日記』에는 서원 훼철 당시 살벌했던 영남지역의 현장 분위기를 엿볼 수 있는 기록이 남아있다.

> 풍문에 들으니, 경상도 인동 장씨의 서원을 부술 때 관인 두세 사람이 나오더니, 먼저 지붕 위에 올라가 기와 네다섯 개를 걷어 냈는데 인동 장씨 본손이 곁에서 지켜보다가 분이 나서 하인 1명을 때려죽이고 본관本官에게 다가가려 하자, 관인들이 먼저 낌새를 채고 도망갔다고 한다.[26]

구미 인동에서 일어난 극단적인 사례이기는 하나 이와 같은 저항이 당시 향촌사회에서는 꽤 많았을 것으로 여겨진다. 그러나 서원 훼철은

26 기행현 저, 한문종 외 역, 『홍재일기』「1868년 8월 28일」, 전북대학교 이재문화연구소, 2022.

중단 없이 진행되었고, 당사자들로서는 마땅한 대응책이 없었다. 임천서원도 예외가 아니었다. 다행이라면 낌새를 미리 눈치채고, 『학봉선생문집』의 판본은 다른 곳에 옮겨 놓아 겨우 훼손은 면할 따름이었다. 김성일의 위패는 1871년 10월 석문정사 동쪽 언덕에 묻었다. 매장할 때의 고유문은 현재 봉화 닭실마을 출신으로 류치명에게 수학한 권연하權璉夏(1813-1896)가 지은 것을 사용했다. 임천서원이 완공된지 불과 7년 만에 일어난 변고였다. 그해 11월 향회를 열어 훼철 사안을 논의한 바 있고, 12월에는 구舊 노림서원에서 대동도회大同道會를 계획하다 저지를 당한다.

• 임천서원 훼철 이봉 고유문[27]

삼가 생각건대 선생께서는
사문師門의 정맥正脉으로 영원토록 종사宗師로 떠받드는 분
엄숙한 명궁明宮에 제사 지내 존숭하고
고을에서 우러러 공경을 표하며 길이 다함이 없기를 기약하네
새로운 명령이 여러 차례 내려와 훼철하기를 급히 하였기에
온 나라의 유궁儒宮이 크고 작은 것 할 것 없이 남기지 않았네
아뢰고 호소하여 임금의 마음 되돌리기를 기약했지만
미천한 정성 도달하지 못해 명분과 의리만 더욱 위축되었네

27 권연하, 『이재선생문집』「임천서원 훼철 이봉 고유문」.

선비들 허둥지둥 울적한 회포 간직한 채 어디로 간단 말인가
이 석문石門을 돌아보니 당시에 깃들어 사신 곳이라네.
성산星山과 낙수洛水에는 남긴 자취 어제와 같구나.
신판神版을 가져와 옮겨 두고 임시로 받들어 두니
선생께서 무슨 아쉬움 있겠는가마는 후학이 슬퍼하는 바로다
하늘의 운수 반드시 회복되고 도는 끝내 굽혀지는 법 없으니
뒷날을 기다린다면 상설象設할 날이 있으리라

4. 훼철 후 2차 청액 활동과 복설

대원군의 미 사액서원 훼철은 워낙 전격적이었고 철폐를 당한 서원 측에서 전혀 예상치 못한 것이었기에, 철폐 대상 서원에서 적절한 대응을 하기 어려웠던 것이었다. 서원의 존망을 영남의 존망으로 인식했던 영남에서조차 통일된 공론을 결집하지 못한 실정이었다. 물론 간간이 상소하거나 당국자와의 교섭 등을 통해 해결을 모색했으나 이것이 효과가 있었던 경우는 극히 드물었다. 그나마 올라온 상소의 내용은 사액 하사 요청과 자기 서원 제외 같은 개별적 호소, 또는 철폐의 부당함과 사액과의 차이에 대한 의문 등을 제기하는 수준이었다. 임천서원의 경우 6년 만에 다시 사액 요청을 결단한다.

한 차례 청액 경험이 있던 임천서원에서는 이전보다 훨씬 조직적이고 신속하게 일을 기획했다. 두 번째 청액의 명분은 영남의 4선생의 주

主 서원 중 유일하게 임천서원만 화를 입은 원인을 사액 여부에서 찾은 것이었다. 1870년 10월 15일 호계서원에서 청액을 발의했고, 11월 2일에 14명의 소유가 서울행에 오른다.[28] 소유들의 구성은 의성 김씨(4명), 진성 · 한산 이씨(각 2명), 고성 · 영천 이씨, 안동 · 예천 권씨, 안동 장 · 전주 류씨(각 1명)로 향중 호론계를 대표하는 가문이 망라되어 있었다. 김흥락은 사전에 서울에 있던 동문인 이조 참판 이만운에게 도움을 청하는 편지를 부쳐 여론을 환기하는 치밀함을 보였다. 1차 상경 길은 비와 더위로 고생을 했다면, 이번에는 눈과 추위가 이동을 더디게 했다. 11월 17일 반촌에 입성한 다음 날 호상 영감, 곧 형조참의 이돈우(1807-1884)가 소청에 발길을 했다. 그는 대원군과 이 주제로 이야기를 나눴는데 "영남 놈들은 윤기倫紀를 모르는 자들이다. 내가 훼철하는 일을 했으니, 상감에게 억울함을 호소하는 것은 우리 부자를 이간질하는 일이니 응당 다리를 분질러놔야 한다"라며 대노했다고 전했다. 소청에서는 예상한 일이라며 오히려 1차 때 시행하지 못한 성균관의 통문 근실과 복합을 기약했다.

이는 대원군과 정면으로 맞서는 행동이었다. 대원군은 이돈우를 통해 계속 으름장을 놓았지만, 뜻대로 풀리지 않았다. 이러자 대원군은 먼저 소유들의 인적사항을 보고 받은 뒤 별감들을 보내어 서울 밖으로 추방 조처를 내렸다. 소유들은 "영남의 유생들이 쫓겨나가는 것은 국가에

28 김흥락, 『서산선생문집』「서 - 참판 이만운에게 드리다, 경오년(1870)」.

처음 있는 일인데, 유생 된 자로 쫓김을 당했으니 어찌 가지 않을 수 있겠는가"라며 순순히 따르겠다는 의사를 보였다. 서울에 올라간 지 불과 10일이 되던 날이다.

하지만 불행은 이것으로 끝나지 않았다. 대원군이 소유 14명 모두에게 유배형을 내린 것이다.[29] 그런데 유배형을 들은 류기호는 "14명의 유림이 일시에 유배되는 것은 돌아가신 지하의 선현에게 돌아가 보고하는 자료가 될 것입니다."라며 도리어 자랑스럽게 여겼다. 다들 마음의 준비를 하고 이 활동에 임했기에 나온 자세였다. 이들은 약 한 달 동안의 유배를 마치고 고향에 돌아와서 '뜻을 함께했다'는 의미로 동주계同舟禊를 결성해 세의世誼를 이어갔다. 향후 김흥락은 11대조의 임천서원 청액을 위해 애써준 계원들이 세상을 떠나자 추모의 글로 보답해 마지않았다.

한편 1871년 2차 사액서원 훼철 이후 호계·도남서원 주도로 10,027명이 연명한 '만인소'가 올라갈 때도 계원 중 김수락金秀洛(1840-1920)·김양진金養鎭(1829-1901)·류기호·이집李㵬(1822-1895) 4명이 동행해 힘을 보탰다.[30]

29 유배지: 이문직 - 전라도 흥덕, 金耆永 - 전라도 태인, 李㵬 - 전라도 무장, 權光夏 - 전라도 장성, 張九鳳 - 전라도 정읍, 權胄煥 - 전라도 고산현, 李炳瀚 - 전라도 龍安, 李絅在 - 강원도 안협, 李晩協 - 강원도 고성, 류기호 - 강원도 김화, 金獻洛 - 金城, 金養鎭 - 강원도 횡성현, 金秀洛 - 강원도 홍천, 李贊燾 - 강원도 울진.

30 정직우, 『소행일록』「동고록」, 계명대학교 도서관 소장.

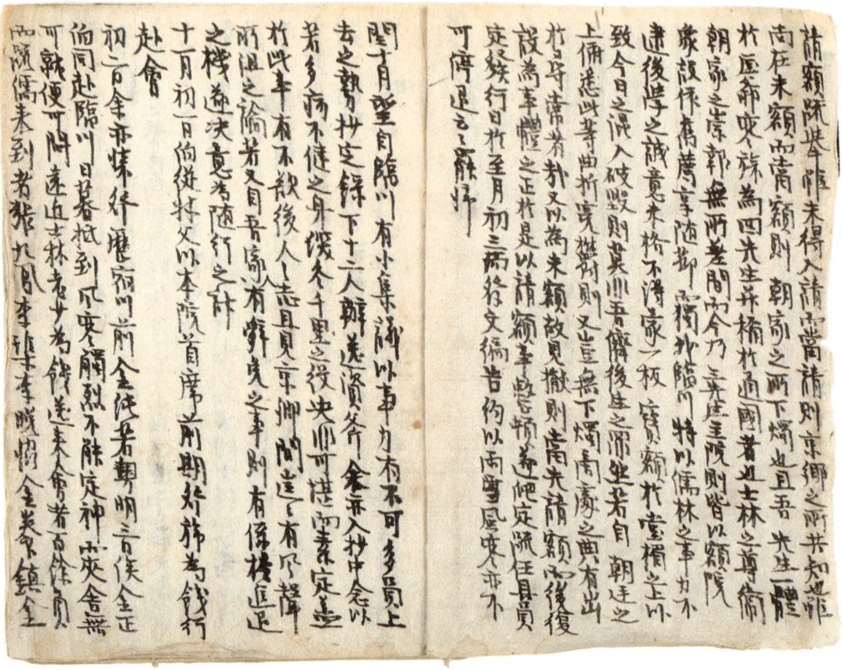

『객일수록』(한국국학진흥원 소장 - 전주류씨 박실(박곡) 수정재고택 기탁자료)

1873년 대원군 하야와 만동묘 복설을 계기로 전국에서 서원 복설의 주장이 들불처럼 일어난다. 그러나 고종 역시 서원을 민폐의 기구로 인식했고, 빗발칠 것으로 예상되는 복설 문제를 우려해 불가 방침을 고수했다. 조정의 이 같은 입장으로 공식적인 서원 재건이 어렵게 되자, 향촌에서는 단소壇所를 비롯해 서당 · 정사 · 서재 등 변형된 형태로 복설이 이루어졌다.

조선 후기 내앞의 의성 김씨는 임천서원 외에도 사빈 · 도연 · 임호

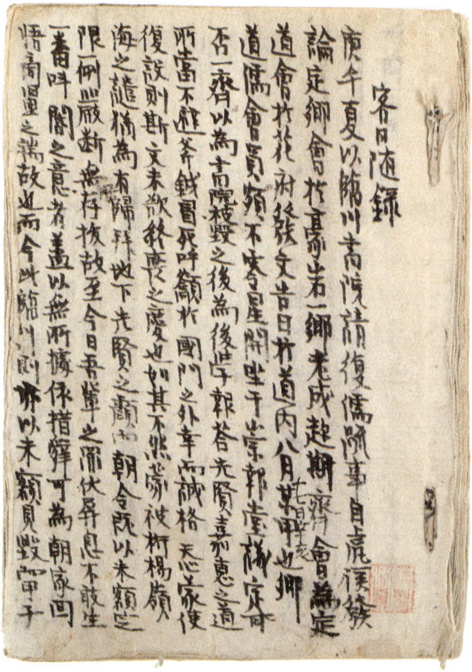

서원 4개의 문중서원을 각 지파별로 보유하고 경영했는데, 4개의 서원은 대원군 서원 훼철령 때 모두 철폐되었다. 이중 1882년 임천서원에 앞서 내앞 김문의 수首 서원 사빈서원이 먼저 복설된다. 사빈서원이 내앞 김문의 서원이기는 하나 지파 간 엄연한 격차가 존재한 만큼 서원을 복설하지 못한 다른 후손들도 이에 자극을 받았을 것이다. 또 서원 복설의 경험과 지식을 공유할 수 있는 환경이 조성되었을 것임은 물론이다.

사빈서원이 복설된 다음해 김흥락은 4살 터울인 지음知音 류기호에게 임천서원 복설의 뜻을 개진했다. 류기호는 임천서원의 일 전반을 주재한 경험이 있었고, 증조부[류범휴]와 조부[류정문柳鼎文]가 내앞 김문의 도연서원의 창건과 추향 및 임천서당 중건에 핵심 역할을 했다는 선대의 내력도 있었다. 또한 류기호는 김흥락이 그를 두고 "생강처럼 강하고 계피처럼 매운 맛이 있었으며, 못을 자르고 쇠를 끊는 단호함이 있었다."라는 말에 드러나듯 강단까지 있어 사업의 최적임자였다.

그러나 류기호가 암행어사의 날조로 투옥된 뒤, 유배지에서 사망해 부재했던 탓일까, 임천서원 복원사업은 1887년에 되어서야 하임하下臨河에 강당만 중건되는 정도에 그쳤다. 하임하라는 이 지명은 임하 아랫마을이라는 뜻에서 유래했다. 이어 1909년에 현재의 위치에 서원을 완전한 형태로 복원하고 사당 숭정사에 김성일의 위패를 봉안했다. 사당 중건상량문은 후손인 김도화가 썼다.

조선시대 강학, 제향, 교류, 유식遊息, 도서관 등의 다양한 기능을 가졌던 서원은 훼철령과 복원이라는 부침을 겪은 후 대부분 제향처로만 기능했다. 임천서원도 주로 향사와 모임의 장소로 활용된 것 같다.

한편 임천서원은 복원된 서원 중에서도 주목할만한 경제력을 갖추고 있었다. 1896년 안동창의소에서는 안동의 각 문중과 교원校院에 의병에 후원할 의연금의 액수를 책정할 때 임천서원에 6백 냥을 배정했다. 호계·삼계서원에 이어 3번째로 높은 금액을 책정한 것을 보면 임천서원의 경제력을 족히 짐작할 만하다. 또한 1913년 조선총독부에 신고한 임천서원의 토지량을 보면 밭 1필지 681평, 논 3필지 2,984평의 규모였다. 훼철 당시 관에서 조사한 기록에는 서원에서 잡일을 하던 보솔保率 3명만이 기재되어 있었다.

일제강점기 임천서원 역사에서 빠트릴 수 없는 일이 있다. 바로 『학봉선생문집』이 배일排日 서적으로 낙인찍혀 수백 권을 압수당해 안동경찰서 마당에서 불태워진 사건이다. 이뿐 아니라 일제는 아예 서원 장판각의 문을 봉인해 학봉 문집을 영원히 찍어 낼 수 없게 하려고 했다. 일제가 임진왜란 당시 김성일이 일사보국一死報國 했던 것을 너무나 잘 알았기 때문일 것이다.

임천서원은 1979년 정부의 지원으로 대대적인 중수를 했고, 1985년에는 경상북도 문화재 자료로 지정되어 보호를 받고 있다. 임천서원은 향후 안동시 서후면 금계리에 조성되어있는 '학봉역사문화공원'으로 이전할 계획이 있어 2024년 10월 10일[음력 9월 8일] 향사 때 이건고유문을 올렸다.

학봉역사문화공원으로 옮겨질 임천서원 조감도
((사) 학봉선생기념 사업회 제공)

5. 서원을 운영한 사람들

원임은 서원을 운영하는 주체이다. 한국 최초의 서원 백운동서원「원규」에는 '원장 1인과 원이院貳 1인'을 정해 운영하라고 규정되어 있다. 영남지역 원규의 모범인 이황이 지은「이산원규伊山院規」에는 2명의 유사를 두고 그중 우수한 자를 상유사로 삼아 서원 운영을 담당하도록 했다.

일반적으로 원임을 정할 때는 춘추 향사 때 모인 사림들이 후보를 자율적으로 천거한 후, 인사를 권점圈點한 점수 순서에 따라 원장과 유사로 선정했다. 이후 선임된 원임의 이름을 원내에 게시하고 임명장을 발급하였다.[31] 원장은 서원 재정을 비롯해 제사 · 교육 · 사람과 건물 관리 등 서원 살림 전반을 감독하는 의무와 권한을 가졌다. 원장의 책무에 대해서 소수서원 '사문입의斯文立義'에는 "원장 1인을 상시로 정하여 제사·유생의 공궤 소속 인물·사찰·전답·재물·기구器具 등 대소사를 아울러 전담하도록 한다"라고 정해 두었다.[32]

서원의 장長인 원장이 되려면 어떠한 자격을 갖춰야 할까? '학문에 종사하며 믿음과 신중한 자',[33] '여러 사람이 높이 받들고 복종하며 한 뜻으로 공경하고 신의가 있는 자'.[34] 쉽게 말해 원장으로는 명망가를 추대하는 것이 기본이다. 다음으로 실무는 유사가 담당했다. 원장과 원생 중간에 위치한 유사는 언행을 조심하고 학문이 정밀한 사람으로[35] 원장을 보필하면서 일상적으로 서원에 일어나는 각종 업무를 주관하는 직무를 담당했다. 임기가 보장된 유사 이외에도 서원 필요에 따라 다양한 임시 유사를 선임해 사업을 진행시켰다.

임천서원에는 1826년부터 최근까지의 원임 명단인『임사록』이 전한다. 임천서원 전체 역사에 대한 온전한 원임 구성과 정보는 아니지만, 복원 후 서원의 모습을 살피기에는 어려움이 없을 것 같다. 이 글에서는『임사록』의 첫 시점인 1826년부터 일제강점기 직전인 1910년까지 한정

31 이병훈,「조선후기 경주 옥산서원의 운영 양상과 위상 변화 연구」, 영남대학교 박사학위 논문, 2018, 40쪽.

32 「소수서원(斯文立義)」, 이수환,『조선후기 서원연구』, 일조각, 2001, 111쪽 재인용.

33 '業文信愼者',「소수·옥산서원 원규」.

34 '衆所推服 一意敬信者',「도동서원 원규」.

35 「도동원규 - 擇有司」.

해 임천서원을 운영한 원임의 구성을 추적해 보려고 한다. 임천서원은 도유사[원장]와 재유사 체제로 운영 되었는데 먼저 위의 시기 연도별 원장을 지낸 92명을 소개하면 다음과 같다.

1826년 하석중 1827년 이병탁 1828년 김홍규 1831년 김홍규 1834년 이병운
1840년 이병운
1841년 이언순 1846년 류치명 1849년 류치명 1851년 류치명 1853년 류치명
1856년 권재대
1856년 류치명 1856년 이재진 1856년 김백행 1857년 김헌운 1857년 김기수
1858년 김기수
1858년 이병은 1859년 이형수 1859년 이형수 1860년 김진룡 1860년 김진룡
1861년 김조운
1861년 장세규 1861년 김용락 1862년 김진곤 1862년 김진룡 1863년 권병성
1863년 이수응
1863년 김진룡 1864년 이수응 1864년 이주수 1865년 김언수 1866년 이정백
1867년 이선호
1867년 이수당 1868년 김진룡 1868년 김성락 1868년 김성락 1869년 류치임
1872년 이정백
1873년 김우수 1874년 이돈우 1875년 김진임 1876년 이　찬 1877년 권영하
1878년 류치후
1879년 김흥락 1880년 권연하 1881년 권택수 1882년 권정하 1883년 이휘연
1884년 박제연

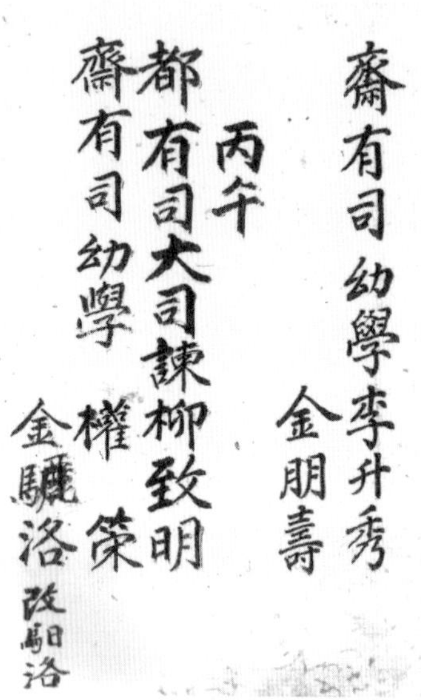
齋有司 幼學李升秀
金朋壽
丙午
都有司大司諫柳致明
齋有司 幼學 權榮
金驪洛

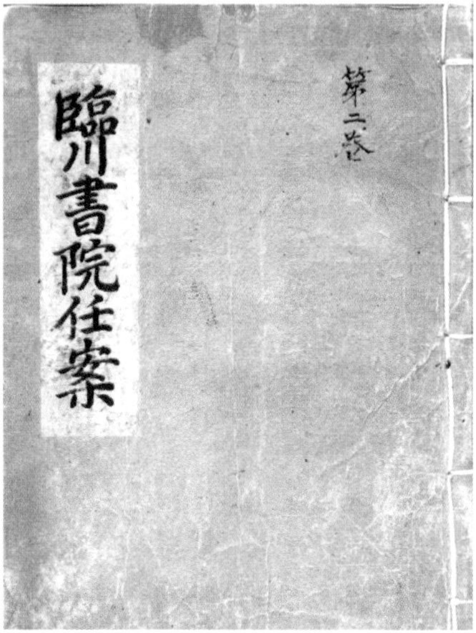
臨川書院任案
第二卷

임천서원 원임안(필자 촬영)

1885년 이만운 1887년 강진규 1888년 이수경 1889년 김규락 1890년 이수영 1891년 권필형

1892년 류지호 1893년 이종태 1894년 김도화 1895년 이희원 1895년 장구봉 1896년 김상수

1897년 류건호 1898년 김한모 1899년 권상직 1899년 김달영 1900년 강　복 1900년 이만유

1900년 강　제 1901년 김원락 1901년 김석균 1902년 김경락 1903년 장석룡 1903년 조주구

1904년 이면주 1905년 이중두 1906년 이수만 1906년 김진기 1907년 김수락
1908년 이종하
1909년 이만창 1909년 김도화 1909년 이찬도 1910년 김수락 1910년 김로수
1910년 장경표

임천서원의 원장을 지낸 상위 성관은 의성 김씨(28)를 비롯해, 한산 이(11), 안동 권 · 전주 류씨(각 9), 진성 이씨(7), 고성 이씨(6), 광산 김 · 진주 강씨(각 3), 안동 장 · 전주 이씨(각 2), 반남 박 · 여주 이 · 재령 이 · 진주 하 · 풍양 조씨(각 1) 순이다.

원장 구성의 특징적 성격 중 하나는 이언순 · 류치명 · 권재대 · 이돈우 · 이만운 · 권영하 · 장석룡 · 김도화 · 김흥락 등 당대 영남을 대표하던 학자와 관료군이 포진해 있다는 것이다. 19세기 대다수 서원의 기능이 추락하던 추세임을 고려하면 이는 임천서원의 위상을 잘 보여주는 대목이다. 다른 하나는 임천서원의 복설과 청액 등 일련의 제반 사업을 주도한 주역 내지 후손계열, 특히 류치명 문인들의 높은 비중과 한산 이씨 가문에서 이상정의 손자 이병운 · 병은을 시작으로 이수응 · 수경 · 수당, 이돈우, 이찬도 등이 세대를 이어 원장에 취임한 사실을 특기할 수 있다. 한편 재유사의 경우에는 원장의 성관 보다는 좀 더 확대되는 추이를 보인다.

【인터뷰】

김종성 학봉 김성일선생 기념사업회 이사

김종성 이사는 김성일의 15대손으로 현 종손의 동생이다. 경희대학교 법대를 졸업한 뒤 대기업 임원으로 퇴직하고, 만학도로 경기대학교 대학원에 입학해 역사학 석사학위를 받았다. 문중 일이라면 누구보다 헌신적이며, 그 노고를 아끼지 않는 분이다.

임천서원 소개 한 말씀을 부탁드립니다.

임천서원은 학봉의 도학을 숭앙해서 사림에서 세운, 학봉의 독향 서원입니다. 1620년에 여강서원에 위패를 옮기면서 서책과 전답, 노비도 이관했습니다. 이관 후에도 서원의 양사養士 역할을 충실하게 수행했습니다. 강회와 향음주례를 열고, 유생들의 공론을 모아 유소를 올렸습니다. 한편으로는 호계서원을 지원하는 역할도 충실하게 실행했습니다.

1851년에는 임천서원에서 『학봉선생문집』을 중간한 뒤 책판을 서재에 보관했습니다. 1920년경 일제 경찰이 배일 서적이라는 이유로 영남 일원에 배포되어 있던 『학봉집』을 모두 압수해서 안동경찰서 마당에서 불태우고, 임천서원에 보관 중이던 『학봉집』 책판을 다시는 인출하지

김종성 이사(필자 촬영)

못하도록 장판각을 영구 폐쇄하는 만행을 저지르기도 했습니다.

임천서원에 모셔진 김성일 선생님은 이미 잘 알려진 분이기는 하지만, 특별히 대중들에게 해주고 싶은 말씀이 있으신가요?

학봉은 준절峻節한 도학자이며, 지성의 애민 · 애국자였습니다. 강직한 관료로 '대궐의 호랑이'라 불렸고, 명나라와 일본에 사신으로 가서는 강직함을 지켜 흔들리지 않아 왕의 위엄을 멀리까지 선양했고, 주체적 외교의 표준이라고 칭송받았습니다. 일본 통신사 귀국보고에서는 "왜군이 통신사의 발뒤꿈치를 밟으며 곧 바로 쳐들어올 것 같은 정형情形은 보지 못했습니다."라고 본 사실대로 보고했습니다. 이것이 서인들에 의해 "쳐들어오지 않을 것이다"로 변조되고, 일제 식민 사관에 의해 '당파심으로 반대로 보고했다'라고 날조되었습니다. 임진왜란이 일어나자 초유사로 의병을 모으고 관군과 의병을 함께 지휘해서, 지휘해서 경상도를 1년 넘게 보존하고 왜군의 호남 침투를 저지했습니다. 성안의 관군과 성 밖의 의병의 연합전으로 「진주대첩」을 총지휘하였습니다. 의병을 기반으로 하는 학봉의 '자주국방' 정신은 독립운동의 정신적 자산이 되었습니다.

선생님 개인적으로 임천서원과 관련하여 특별히 기억에 남는 일이 있나요?

어릴 적 무더운 여름날 시원한 임천서원 강당에서 어른들이 시를 읊고 환담하시던 모습이 기억에 새롭습니다. 문중의 청장년 남자들과 부인들 그리고 딸네들이 봄이 되면 1년에 한 번씩 공식적으로 허용된 나들이로 임천서원과 석문정사를 방문해서 가사도 읊고 화전놀이도 하던 기억이 납니다.

그리고 1964년에는 종택을 옮길 때 가묘家廟에 모셨던 신주 5위를 임천서원에 모셨다가 입택 시 이건한 종가 사당에 모셨습니다. 이때 종손이 학봉선생의 신주를 모시고 맨 앞에 서고, 다음으로 4위의 신주를 모신 어른이 차례대로 서고, 그 뒤를 100여 분의 문중 어른들이 일렬로 길게 줄을 서서 송현동 임천서원에서 금계 종택까지 10리나 되는 길을 걸어가는 행렬이 참으로 장관이었습니다.

젊은 사람들이 서원에 오면 무엇을 배울 수 있을까요?

옛 선비들이 학문을 닦고 인격을 도야했고, 사회적으로 어려운 문제가 발생하면 공론을 모아 유소를 올려 잘못을 바로잡았던 서원의 역사적 의의와 교훈을 배울 수 있습니다. 우리의 전통문화를 이해하고, 새로운 정신문화를 위한 발전적 에너지를 얻을 수 있습니다.

이를 위해서 젊은 사람들을 위한 교육 자료와 콘텐츠 개발 제공이 필요합니다.

서원을 지키시면서 힘든 점은 없으세요?

예전에는 많은 전답과 노비가 있었으나 요즈음은 서원 고지기도 없습니다. 청소와 건물 관리하기조차 어렵지요. 양사養士는 고사하고 춘추 향사도 부담이 됩니다. 서원문화의 계승과 발전을 위해 정부의 재정

지원이 절실합니다.

서원과 문중을 지키시면서 언제 보람을 느끼세요?

서원 방문객이 서원에 대해 관심을 가져주고, 선현의 행적에 대해 존경심을 표할 때 보람을 많이 느낍니다. 임천서원과 학봉종가의 400년 역사를 설명하면 집중해서 들으며, 깊은 이해와 관심을 보이고, 함께한 자녀들에게 자상하게 설명하는 모습에 전통 문화를 지키는 사람으로서 보람과 함께 사명감을 느낍니다.

서원 문화를 활성화해서, 이것이 앞으로도 이어지려면 어떻게 해야 할까요?

서원이 전통문화 체험과 인격 수양의 도장이 되도록 해야 하며, 살아있는 박물관이요 도서관이며 자연학습장이 되도록 해야 합니다. 방문객에게 서원의 역사와 역할을 상세하게 설명하고, 이해를 돕기 위해 문화해설사의 안내와 안내 자료인 리플렛 · 책자 등의 유인물을 제작해 배포할 필요가 있다고 생각합니다. 서원이 교육 · 세미나 · 회의 장소로 활용되면 좋을 것 같습니다. 가까이 있는 봉정사와 함께 '안동 정신문화' 탐방 관광자원으로 적극 활용해야 합니다.

앞으로 임천서원에서 어떤 일을 계획하고 있나요?

이건 후에 학봉종택 소계서당邵溪書堂, 학봉역사문화공원과 연계해서 전통문화 교육장으로 활용할 계획에 있습니다. 아울러 더 많은 사람이 공유할 수 있는 공간으로 개방할 예정입니다. 시험적으로 방학 기간동안 한문 강좌를 열고, 학술단체에 강좌 개최 장소로 제공할 계획입니다.

최근 '학봉역사문화공원'을 개원했는데 소감이 어떠세요?

학봉의 학문 사상에 대한 공경심과 함께 지성의 구국 활동에 대해 새롭게 고개를 숙이게 됩니다. 학봉의 진정성, 봉공멸사奉公滅私, 희생정신 등에 대해 다시 생각하게 되었습니다.

학봉역사문화공원, 임천서원, 학봉 종택과 봉정사를 묶어 문화 관광 단지로 개발하는 방안을 모색할 계획입니다. 또 '한국정신문화의 중심지', '독립운동의 발상지'를 널리 알리기 위해서도, 더욱더 노력해야 할 것 같습니다.

학봉역사문화공원(경북 안동시 서후면 풍산태사로 2833)((사) 학봉선생기념 사업회 제공)

학봉역사문화공원은 임진왜란을 극복하는 데 앞장선 김성일과 구국 영웅들의 애국충절을 기리기 위한 교육장의 일환으로 2024년 9월 30일에 개원했다.

공원 맨 위쪽에 자리한 충의각忠義閣은 임란 때 목숨을

바쳐 나라를 구한 호국 영웅들을 추모하는 건물이다. 건물 안에는 김성일의 초상화와 '임란 호국영령 제위' 위패가 봉안되어 있다. 건물 밖에는 '임란 경상도 육전의 영웅들'의 추모벽과 '이름이 남기지 못한 의병 영웅들 기림비'가 있다. 추모벽에는『선조실록』·『용사일기』·『고대일록』·『학봉전집』등에 활동 사실이 수록되어 있고, 경상도에서 왜적 토벌에 공헌이 있는 295명을 엄선해 그 이름을 각석해 두었다. 기림비는 김도현이 지은 글에, 인근 서후초등학교 전교생들이 한 글자씩 오방색으로 썼다.

공원 중턱에 있는 임란역사관에는 김성일의 생애와 학문 및 구국 활동, 왜적의 침입을 자력으로 물리친 경상도 육전의 영웅들, 국왕이 내린 제문, 김성일 연보, 한국독립 운동의 성지, 의병 정신의 계승, 학봉 학맥도 등을 요약 · 전시하고 있다.

특히「진주대첩 매핑 영상체험관」에서는 진주대첩을 영상으로 체험할 수 있고, 자료실에서 독서를 즐길 수 있다.

운장각雲章閣

1987년 김성일의 유품과 고문헌을 보관하기 위해 건립한 공간으로 보물 제905호 전적일괄 56종 216점과 보물 제906호 고문서 일괄 17종 242점 등 총 73종 503점의 문화유산이 소장되어 있다. 근처에 상설 전시관인 학봉기념관이 있다.

임천서원의 건축물과 김성일을 모신 서원들

1. 임천서원의 건축물

서원에는 건물마다 현판[편액]이 걸려있다. 성현이 남긴 경전이나 저명한 학자들의 글에서 인용하여 명칭을 부여하고, 당대 명필에게 글씨를 받아 새긴 것들이다. 서원의 현판은 단순한 건물 명칭이 아니라 설립의 목적, 이념이나 철학, 경전의 구절을 인용하여 위기지학의 내용을 담고 있다. 따라서 현판의 의미를 알면 그 건물의 용도, 선현들의 가치관을 엿볼 수 있다.

현판류는 당호堂號, 기문記文, 제영題詠 등으로 구분된다. 당호는 건물의 정면과 문과 처마 사이에 걸어두어 편액이라고 불리는데, 서원의 핵심 상징물이다. 기문은 서원의 역사성과 문화사적 성격을 함축하고 있는 자료이다. 제영은 서원의 문화를 문학적 구현한 것으로서 해당 서원의 특성과 인적 네트워크를 확인해 준다.

1) 입도문入道文

임천서원의 주 출입구로 맞배지붕 형태의 사주문이다. 정면에 걸린 입도문의 글씨는 이황이 쓴 역동서원의 정문 현판을 모사한 것이다. 박력 있고 힘차게 느껴져 매우 안정적인 해서체이다. 1618년(광해 10) 창건 당시에는 유의문由義門이라 칭했고, 현재 명칭인 입도문은 진리의 세계로 들어간다는 뜻이다.

입도문(한국국학진흥원 제공)

2)홍교당弘敎堂

홍교당은 임천서원의 강당으로 정면 5칸, 측면 2칸 반의 5량가 팔작지붕이다. 자연석으로 기단을 쌓고 상부는 장대석과 황토로 마감하였다. 정면과 측면에는 원형에 가깝게 조각한 초석을, 배면에는 자연석 초석을 사용했다. 모든 기둥에는 방주가 사용되었다. 양 측면은 온돌방으로 하였고, 중앙의 3칸은 마루로 구성되었는데 마루에 홍교당 현판이 게시되어 있다. '홍교'란 널리 가르치며, 가르침을 넓혀가는 집이라는 뜻이다. 한석봉의 글씨를 집자한 것으로 날렵한 삐침 획을 파임을 든든히 받쳐줌으로써 전체의 안정감을 주는 해서체이다. 전면의 반 칸은 툇마루를 내었으며, 대청 배면에는 쪽마루를 달았다. 창건 당시에는 동익실을 삼성재, 서익실은 사물재라 하였다.

강당 앞에는 사계절 푸른 잎의 여러해살이 식물로 맑은 향기를 풍기고 초여름에 연한 황색의 꽃을 피우며 청렴과 절개를 나타내는 석창포石菖蒲가 심겨져 있다. 김성일

홍교당(한국국학진흥원 제공)

이 1590년 통신사로 일본을 갔다가 귀국할 때 은과 보검 등 받은 귀한 선물은 모두 되돌려 주고 석창포 몇 뿌리만 가지고 왔는데 지금까지 440여 년을 변함없이 임천서원과 학봉 종가를 지키고 있다. 김성일의 지조와 온아한 성품을 상징하는 식물로, 학봉역사문화공원 내에 충의각 앞뜰에도 이것을 심었다.

3) 응도재凝道齋(동재)와 양호재養浩齋(서재)

동재와 서재는 정면 3칸, 측면 1칸 반의 팔작지붕 집이다. 자연석으로 기단을 쌓고 장대석과 황토로 마감하였다. 자연석 초석을 사용해 방주를 받치고 있다. 전면의 빈칸은 툇마루를 내었는데 남측으로 는 판벽 및 판문을 설치하였다. 정면에서 보이는 창호는 모두 영쌍창을 사용하였다. 동재에는 응도재, 서재에는 양호재라는 현판이 걸려있다. 동 · 서재의 글씨는 이황이 김성일에게 증정한 병풍 속에서 집자한 것으로 1908년 2차 중건 때 게시한 현판이다. 양호재는 호연지기, 즉 사람의 마음에 차 있는 정대한 기운을 기른다는 뜻이다. 서재의 응도재는 현판으로 도덕을 이룬다는 뜻이다.

1861년 중건 시 동재의 명칭은 정직과 방정方正을 의미하는 직방재直方齋라 하였는데, 군자의 순수한 덕과 유순의 덕을 내포한 말이다. 서재는 건척재乾惕齋였는데 건건乾乾하고 척척惕惕하라는 뜻이다. 건건은 게으르지 말라는 것이고, 척척은 두려워하고 삼가라는 의미를 담고 있다. 기존의 2개 현판은 현재 강당 내에 걸려있다.

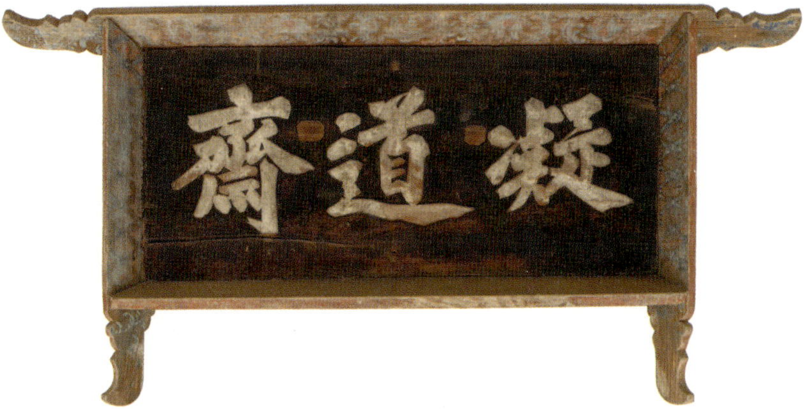

응도재(한국국학진흥원 제공)

양호재(한국국학진흥원 제공)

온돌의 굴뚝은 건물 북쪽에 와편을 이용한 와편굴뚝으로 마련되었다.

4) 숭정사崇正祠

사당인 숭정사는 정면 3칸, 측면 2칸 반의 맞배기와집으로, 정면에 현판이 게액되어 있다. 현판의 글씨는 주희의 글씨를 집자한 것으로 담백한 해서체 필치로 정학을 숭상한다는 뜻을 담고 있다. 1618년 창건 당시의 사당의 명칭은 어질고 착한 사람을 존경한다는 뜻의 존현사尊賢祠였다.

장대석 두벌대 기단에 황토로 상부를 마감하였고, 전면 기둥에는 팔모초석에 원주를 사용하였다. 그 외에는 사다리형 초석에 방주를 사용하였다. 겹처마로 구성되었으며, 측면에는 풍판을 대었고, 지붕의 기와는 막새기와로 마감되었다.

임천서원의 담장은 자연석을 사용한 토석담장으로 만들어졌다. 담장 상부는 기와를 사용해 마감하였다. 임천서원의 전체영역을 감싸는 담장과, 내삼문과 맞닿아 사당영역을 감싸는

숭정사(한국국학진흥원 제공)

담장이 마련되어있다.

• 임천서원 숭정사 중건상량문[36]

낙수洛水의 신물神物로 길한 터를 바치니 범이 웅크리고 용이 서려 덕을 기다리는 언덕이며, 탁영담濯纓潭의 추월秋月이 짧은 병풍을 비추니 요堯는 공경하고 순舜은 정일하여 전수한 심법의 지결이네. 이로써 천고의 정맥을 높이고 이에 수 칸의 명궁明宮을 지었네.

공손히 생각건대 학봉 선생 문충공은 하늘이 대현의 자질을 내었고, 스승이 성인들의 도통을 전해 주었네. 암서헌巖栖軒에서 응대한 뜻은 안자顏子의 일과 증자曾子의 대답이었고, 경연에서 나라를 바로잡는 계책은 이윤伊尹과 부열傅說의 간언이었네. 일본에 사신으로 임금의 위엄을 떨칠 적에는 언행이 하늘에 요동쳤고, 능을 복위復位 시키는일로 공론에 대항할 적에는 충의가 해처럼 빛났네. 중국 사신 만 리 길에 종국宗國의 부끄러움을 시원하게 씻어버리고, 비바람 부는 적막한 진주성에서 읊은 장사壯士의 노래를 저버리지 않았네. 갈암의 임금 앞에서의 응대는 좋아하는 바를 높여 아첨하지 않았고, 귀와龜窩 선조가 지은 묘갈명은 신명에 물어보아도 의혹이 없네. 떳떳한 본성은 덕을 좋아하니 외루畏壘에서 경상초庚桑楚를 제사한 일을 잊기 어렵고, 은혜에 보답함은 절로 예의가 있으니 창주滄洲의 석채釋菜를 증거로 삼을 수 있네. 사시마다 제철 음식을 올리니 질장구

36 김도화, 『척암선생문집』 권17, 「상량문 - 임천서원 숭정사 중건상량문」.

속이 가득 찬 듯 진실함이 있고, 2월과 8월에는 향을 피우니 제수를 정하여 절도에 맞게 받들었네.

마침 등극 원년과 2년을 맞아 느닷없이 갑작스러운 재앙에 놀랐네. 현도관玄都觀의 옛 난간에 아욱과 귀리만이 흔들리는 것을 누군들 탄식하지 않았겠으며, 백록동서원의 옛터에 가시나무만 무성한 것을 함께 슬퍼하였네. 여러 자손이 감동시킨 정성에 하늘이 회복해주지 않음이 없고, 우리가 존숭하여 지키는 모습에 땅이 또한 신령스러운 기운을 주었네. 세 번 점쳐 봄에 호암濠巖이 길하다고 하니 여러 해 점친 것이 오래되었고, 한 번 바라봄에 성악星嶽에 접하니 옛날의 정화가 그대로이네. 이에 선기옥형으로 날을 가리고 곧장 토규土圭로 방위를 측정하였네. 뭇 재목을 취하여 아름다움을 재단하니 신보산新甫山의 잣나무와 조래산徂徠山의 소나무요, 장인을 불러 모아 재능을 펴게 하니 이루離婁의 먹줄과 공수公輸의 먹이네. 도끼질하고 톱질하니 크고 작고 길고 짧음이 각기 마땅하고, 진흙 칠하고 벽칠하니 푸르고 누렇고 붉고 흼이 서로 비추네. 아름답게 높고 성대한 것은 화동畫棟과 조량雕梁이요, 이처럼 엄숙하고 웅장한 것은 중문重門과 복벽複壁이네. 가운데에는 대청을 열어 문교를 넓히고, 앞에는 누대를 두어 빛과 바람을 들이네. 물결이 촉강矗江에서 마르지 않으니 한 잔 술로 웃어젖힌 정령이 완연히 있는 듯하고, 벼랑이 촉석루에 함께 서 있으니 천 길의 기상이 늠름하네. 유학이 이에 다시 일어나고 우리 도가 이로써 다시 열렸네. 이에 하리下俚의 단창短唱을 부르면서 이로써 상면上面의 상량을 돕네.

들보 동쪽으로 떡을 던지나니

여산의 아름다운 경치 예나 지금이나 갈네. 어째서 하늘이 우리 유학을 망하게 하려 하시는가 원숭이와 새는 구슬피 울고 석양은 붉게 물드네

들보 남쪽으로 떡을 던지나니

소호가 담담히 흘러 하나의 근원을 적시네. 내에 가득한 빛이 배회하는 곳에 도맥은 분명 두셋이 아닐 것이네

들보 서쪽으로 떡을 던지나니

개암나무 어느 곳에 미인이 있는가 충직한 말이 훤히 유장에 남아 있으니 요순의 백성과 갈다고 할 만하네

들보 북쪽으로 떡을 던지나니

도산이 우뚝하여 하늘에 높이 솟았네. 한 줄기 산맥이 천길 뻗어있으니 길이 온 나라가 지극한 도를 따르게 되었네

들보 위로 떡을 던지니

북두성 찬란히 중류를 향하네. 대저 인심이 이처럼 밝으니 사예로 하여금 가로막게 하지 말지어다

들보 아래로 떡을 던지나니

천 리 긴 강은 흘러 멈추지 않네. 도체는 원래 한순간 쉴 때도 함께 하는 것이니 공자가 깊이 감탄한 까닭이네

삼가 바라건대 들보를 올린 뒤에 신명이 오르내리며 산천이 보호하고 지켜 주소서. 그 시를 외고 그 글을 읽으니 그 세상을 논할 만하고 엄숙히 들리고 어렴풋이 보이니 여기에 문文이 있지 않겠는가. 오르내려 성대히 계신 듯하

니 전성前聖의 의발衣鉢을 받들고 읍하고 사양함이 엄숙하니 후학의 길을 열어 주리라. 오늘부터 이 터에서 시작하여 영원히 쇠퇴하지 않으리라.

집안 후손 후학 김도화가 삼가 쓰다.

5) 내삼문

내삼문은 솟을삼문의 형식으로 양 측면보다 중앙의 문이 더 높은 구조를 하고 있으며, 상부 가구에 모로 단청이 되어있다. 장대석으로 외벌식 기단을 쌓았으며, 방주가 사용되었는데, 우주에는 원형에 가까운 자연석 초석을 사용한 것으로 보이며, 평주에는 사다리형 초석을 사용하였다.

6) 전사청

전사청은 정면 3칸, 측면 1칸의 맞배기와집으로 자연석으로 기단을 쌓았으며, 자연석 초석과 방주가 사용되었다. 부엌과 온돌방으로 구성되어 있고 지붕은 와구토 마감으로 되어있다.

2. 김성일을 모신 서원[37]

1) 빙계서원氷溪書院

경북 의성군 춘산면 빙계계곡길 80

건립연대　1556년

제 향 자　김안국, 이언적, 류성룡, 김성일, 장현광, 이광준

연　　혁
- 1556년(명종 11): 장천長川가에 김안국의 위패 봉안 후 창건
- 1576년(선조 9): '장천서원'으로 사액
- 1592년(선조 25): 임진왜란으로 서원 소실
- 1600년(선조 23): 빙산사氷山寺 터로 이건, 이언적 추가 제향, '빙계'로 개칭
- 1689년(숙종 15): 류성룡, 김성일, 장현광 추가 제향
- 1871년(고종 8): 대원군 사액서원 훼철령 때 철폐
- 2006년: 복원

37 서원 소개는 건립된 순서이며, 제향자는 현재 사당 내 위패의 배열대로 정리하였다.

2) 호계서원虎溪書院

경북 안동시 퇴계로 2001-36

건립연대　　1576년

제 향 자　　이황, 류성룡, 김성일, 이상정

※ 경상북도 유형문화유산

연　　혁

- 1573년(선조 6): 여산촌 오로봉 아래 백련사 절터에 여강서원廬江書院으로 창건
- 1575년(선조 8): 이황의 『송계원명이학통록宋季元明理學通錄』 교정
- 1578년(선조 11): 이황의 『계몽전의啓蒙傳疑』 간행
- 1587년(선조 20): 『퇴계선생문집』 편찬
- 1605년(선조 38): 낙동강의 대홍수로 유실되어 다음 해에 재건
- 1620년(광해 12): 류성룡과 김성일 추가 제향
- 1676년(숙종 2): '호계서원虎溪書院'으로 사액
- 1649년(인조 27): 『학봉선생문집』 간행
- 1726년(영조 2): 『학봉선생연보』 간행
- 1750년(영조 26): 서원 화재로 다량의 서적 전소
- 1782년(정조 6): 『학봉선생속집』 간행
- 1871년(고종 8): 대원군 사액서원 훼철령 때 철폐

- 1878년(고종 15): 원래의 자리에 강당만 복원
- 1973년: 안동댐 건설로 임하면 임하리로 이건
- 2019년: 한국국학진흥원 부지에 복설

3) 경현서원景賢書院

전남 나주시 영안길 31-9(금성산 대곡동)

건립연대　1584년

제 향 자　김굉필, 정여창, 조광조, 이언적, 이황, 김성일, 기대승

※ 나주시 향토문화유산 제17호

연　　혁

- 1584년(선조 17): 나주목사 김성일이 금양서원錦陽書院 또는 대곡서원大谷書院으로 창건
- 1586년(선조 19): 동방오현 위패 봉안 및 오현서원으로 개칭
- 1597년(선조 30): 정유재란 때 병화로 서원 전소, 2년 뒤 재건
- 1610년(광해 2): '경현서원景賢書院'으로 사액
- 1693년(숙종 19): 김성일 추가 제향
- 1871년(고종 8): 대원군 사액서원 훼철령 때 철폐
- 1977년: 영안마을에 이전해 복원
- 1980년: 서원 강당 중건

4) 영산서원英山書院

경북 영양군 영양읍 현동 1길 47-16

건립연대 1655년

제 향 자 이황, 김성일

연 혁
- 1577년(선조 10): 김성일의 부친 김진이 영산서당을 창건
- 1655년(효종 6): 이황과 김성일을 제향, 영산서원으로 승격
- 1694년(숙종 20): 영산서원으로 사액
- 1871년(고종 8): 대원군 사액서원 훼철령 때 철폐
- 2018년: 영양군의 지원으로 복원

5) 사빈서원泗濱書院

경북 안동시 임하면 푸레실길 86

건립연대 1681년

제 향 자 김진, 김극일, 김수일, 김명일, 김성일, 김복일
※경상북도 문화유산자료

연 혁
- 1685년(숙종 1): 분암墳庵에 사빈영당 창건

- 1685년(숙종 11): 경덕사景德祠로 개칭 후 다섯 아들 종향
- 1709년(숙종 35): 동구 밖 사수변泗水邊으로 이건한 뒤 사빈서원으로 개칭
- 1717년(숙종 43): 조정에서 사건私建 서원 명단에 포함. 사빈영당으로 격하
- 1868년(고종 5): 대원군 서원 훼철령 때 철폐
- 1882년(고종 19): 서원 복설
- 1987년: 임하댐 건설로 임하리로 이전
- 2005년: 중창 사업 계획에 따라 현재 위치로 이건

6) 송학서원松鶴書院

경북 청송군 안덕면 석정길 53(장전리 958-3)

건립연대 1726년(인조 4)
제 향 자 이황, 김성일, 장현광
연 혁
- 1568년(선조 1): 명지재明智齋 민추閔樞가 명지서당 건립
- 1726년(영조 2): 서당에 사우를 건립 후 이황, 김성일 장현광을 제향하고 송학서원이라 함
- 1840년(헌종 6): 김성일 종손 청송부사 김진화金鎭

華가 서원 중수

- 1868년(고종 5): 대원군 서원훼철 이후 송학서당으로 운영
- 1883년(고종 20): 안덕면 장전리로 이건
- 1993년: 송학서원 편액 게시
- 2013년: 복원·복향

7) 영계서원永溪書院

경남 하동군 양보면

건립연대 1579년

제 향 자 정여창, 김성일

연 혁
- 1579년(선조 12): 순찰사 김성일의 후원으로 정여창의 위패를 봉안해 창건
- 1593년(선조 26): 임진왜란으로 서원 훼손
- 1669년(현종 10): 횡포 내기內基 서편으로 이건
- 1699년(숙종 25): 김성일 추가 제향
- 1868년(고종 5): 대원군 서원 훼철령 때 철폐
- 훼철 후 복원 못 함

8) 경림서원慶林書院

현재 서원 건물이 없음

경남 진주시 금산면 장사리

건립연대　1822년

제 향 자　김성일, 조종도

연　　혁　- 1772년(영조 48): 진주목 대야촌에 김성일의 위패를 봉안해 창건
- 1822년(순조 22): 서원 중건, 조종도 추가제향
- 1868년(고종 5): 대원군 서원 훼철령 때 철폐
- 훼철 후 복원 못 함

임천서원의 향사

서원의 춘추향사는 소수서원을 세운 주세붕이 정한 규약에 따라 매년 음력 3월과 9월의 상정일에 지냈다. 이는 음력 2월과 8월에 시행하는 향교 석전釋奠의 날짜를 피하기 위함이었다. 그러다가 대다수 서원에서는 향교와 한 달 간격으로 향사를 치르는 것이 번거롭다 하여 같은 달 중정일에 춘추향사를 지내게 되었다.

서원의 춘추향사는 이황에 의해 정립되었다. 이황은 풍기군수로 재직하던 1549년(명종 4) 10월 백운동서원의 청액 이전에 『춘추향도春秋享圖』와 『묘제홀기』를 제정하여 서원 향사의 표준을 제시하였다. 이것이 한국 서원 향사의 모범이 되었고, 대부분 서원은 이를 준용하였다. 서원 향사의 절차는 크게 '취사取士 → 분정 → 행제行祭 → 당회' 순으로 진행이 된다. 향교의 석전과 크게 차이가 나지 않는 절차이다.

1. 취사

먼저 향사를 개최하는 서원에서는 교원校院과 개인 등에게 통문 · 회문 · 편지 등의 방법으로 향사 사실을 알린다. 향사를 통보받은 인사들은 행사 전날 서원에 도착해서 시도기에 이름을 기재한다.

2. 분정례

의례에서의 소임을 결정하는 분정이 시행되는데 통상적으로 나이와 명망이 고려되었다. 이중 헌관, 대축, 집례는 '5집사'라 하여 아무나

집사분정기 작성(임천서원 제공)

집사분정표(임천서원 제공)

담당할 수 없는 중책이기 때문에 선임에 신중을 기했다. 그래서 서원에 현전하는 집사록에도 이들의 이름이 등재되는 것이다. 분정이 끝나면 여러 집사들은 근신하며 부정이 타지 않도록 재계를 하면서 예행연습을 병행하였다.

희생을 검수하는 성생의省牲儀는 홀기에 따라 헌관이 적합 여부를 판단했다. 희생의 대상물은 돼지였다. 소수서원의 경우 당초 돼지였으나 퇴계에 의해 닭으로 변경되었다가 어느 시점에 너무 간소하다는 여론 때문에 복구되었다.

임천서원에서는 오후 5시경 헌관 · 재유사 · 모든 집사가 강당에 모인다. 이때 헌관은 남쪽을 향해 서고, 그 왼편에 축관과 집례가 선다. 헌관 맞은편에 유사들이 북쪽을 향해서고, 그 왼편으로 모든 집사가 연령순으로 선다. 이렇게 홍교당에 타원형을 그리면서 도열하면 주사가 "개좌 아뢰오" 하며 3번 외친다. 이어서 구관유사가 '상읍례 합시다'라고 하면 두 손을 모아 눈썹까지 올리는 예를 갖춘 후 모두 자리에 앉는다. 이어 조사曹司는 인명을 보고 헌관과 집사가 해야 할 역할을 분정판에 분임을 집필한다.[38]

3. 진설

분정례를 마치고 밤 12시경에 4명의 유사는 부엌으로 가서 교자에

38 선정된 조사가 집필해서 헌관과 모든 집사의 명단을 적으나 편의상 집례가 헌관과 집사의 인명을 미리 써놓았다.

제물 옮기기(임천서원 제공)

진설 확인(임천서원 제공)

〈임천서원 진설도〉

제물을 싣는데 유사가 품목과 수량을 선창하며 제물을 주면 주사가 후창하며 싣는다. 교자에 제물을 모두 실으면 유사들이 교자를 들고 서원으로 들어간다. 초헌관은 서원 마당에 남쪽을 향해서고 그 서쪽으로 아헌관 · 종헌관 · 축관 · 집례 순으로 선다. 또 집사들은 마당에서 북쪽을 향해서 연령순으로 선다. 재유사는 세미공사洗米公事 하는 곳에 각각 2명씩 서향으로 서 있는다. 이렇게 서 있다가 제물을 실은 교자가 들어와서 도열해 있는 곳을 지나가면 상례를 한다. 교자가 수돗가에 도착하면 주사가 쌀과 좁쌀을 정성껏 여러 번 씻는다. 이것을 세미공사라고 한다. 세미공사를 할 때 재유사들이 동서향으로 서서 확인한다. 이 일이 끝나면 제물을 실은 교자는 숭정사로 가서 구관유사가 선창하고, 주사가 후창하면서 제물을 사당 안으로 하나씩 옮긴다. 이어서 재유사가 서서 제물을 확인하고 제물단자에서 명을 하는데 이를 수기受記라고 한다. 원래 제물은 사당 옆에 있는 전사청에 보관했는데, 지금은 건물이 낡아 바로 사당으로 옮긴다.

헌관 · 집사 · 유사들은 23시 40분경이 되면 서원 마당에 2열로 선다. 구관유사와 재유사는 숭정사로 올라가서 제상에 촛불을 켜고 제물을 제기에 담아 진설한다. 이때 유사들은 제물이 바른 자리에 놓이는지 지켜보면서 가르쳐 준다. 이렇게 진설이 끝나면 재유사 1명만 남고 모두 내려간다.

4. 향사례

자정이 넘으면 헌관과 모든 집사는 향사준비를 위해 의관을 갖춘다. 향사는 홀기에 따라 진행하고, 종헌례가 끝나고 마무리되면 음복례를 행한다.

○찬자, 알자, 찬인은 먼저 계간 배위에 나아가 재배하시오.

贊者及謁者贊引先就階間拜位 再拜

○알자와 찬인은 각각 헌관을 외위로 인도하시오.

謁者及贊引各引獻官 就外位

○찬인은 축관 및 모든 집사를 절하는 자리로 인도하시오.

贊引引祝及諸執事 入就拜位

○재배하시오.

再拜

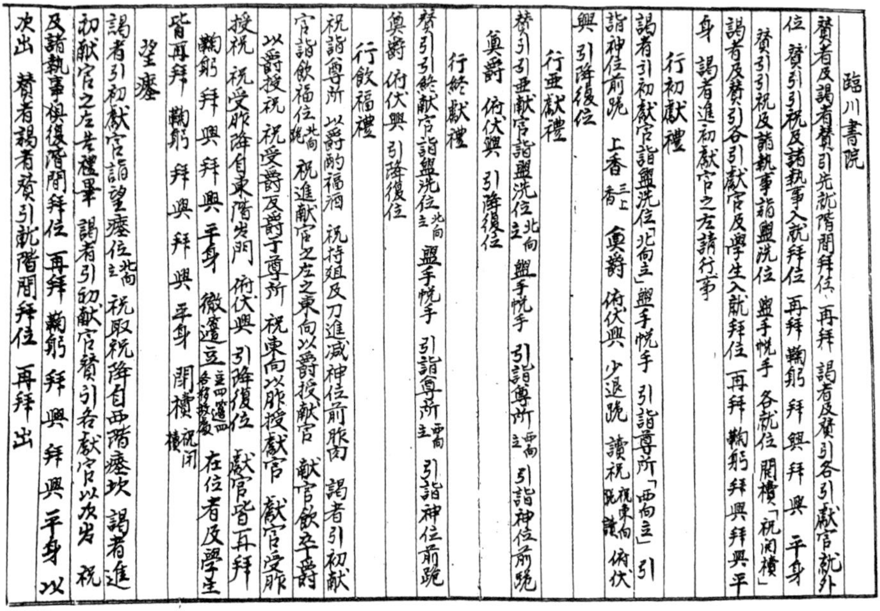

臨川書院
贊者及謁者贊引先就階間拜位 再拜 謁者及贊引各引獻官就外
位 贊引引祝及諸執事入就拜位 再拜 鞠躬 拜 興 拜 興 平身
贊引引祝及諸執事詣盥洗位 盥手帨手 各就位 開櫝「祝開櫝」
謁者及贊引各引獻官及學生入就拜位 再拜 鞠躬 拜興拜興平
身 謁者進初獻官之左請行事
行初獻禮
謁者引初獻官詣盥洗位「北向立」盥手帨手 引詣尊所「西向立」引
詣神位前跪 上香 三上香 奠爵 俯伏興 少退跪 讀祝 祝東向跪讀 俯伏
興 引降復位
行亞獻禮
贊引引亞獻官詣盥洗位 北向立 盥手帨手 引詣尊所 西向立 引詣神位前跪
奠爵 俯伏興 引降復位
行終獻禮
贊引引終獻官詣盥洗位 北向立 盥手帨手 引詣尊所 西向立 引詣神位前跪
奠爵 俯伏興 引降復位
行飮福禮
祝詣尊所 以爵酌福酒 祝持俎及刀進減神位前胙肉 謁者引初獻
官詣飮福位 北向跪 祝進獻官之左東向 以爵授獻官 獻官飮卒爵
以爵授祝 祝受爵反爵于尊所 祝東向以胙授獻官 獻官受胙
授祝 祝受胙降自東階出門 俯伏興 引降復位 獻官皆再拜
鞠躬 拜 興 拜 興 平身 徹籩豆 在位者及學生
皆再拜 鞠躬 拜 興 拜 興 平身 闔櫝 祝闔櫝
望瘞
謁者引初獻官詣望瘞位 北向立 祝取祝降自西階瘞坎 謁者進
初獻官之左告禮畢 謁者引初獻官贊引各獻官以次出 祝
及諸執事俱復階間拜位 再拜 鞠躬 拜 興 拜 興 平身 以
次出 贊者謁者贊引就階間拜位 再拜 出

임천서원 홀기(임천서원 제공)

○몸을 굽혀 재배하고 일어나 몸을 펴시오.

鞠躬 拜 興 拜 興 平身

○찬인은 축과 모든 집사를 손 씻는 자리로 인도하시오.

贊引引祝及諸執事

○관세위로 나아가시오.

詣盥洗位

○손을 씻으시오.

盥手帨手

○각각 제자리에 나가시오.

各就位

○축은 위패의 독을 여시오.

開櫝「祝開櫝」

○알자와 찬인은 각각 헌관과 학생을 인도해 배위로 들어가시오.

謁者及贊引各引獻官及學生入就拜位

○재배하시오.

再拜

○몸을 굽혀 재배하고 일어나 몸을 펴시오.

鞠躬 拜 興 拜 平身

○알자는 초헌관 왼쪽으로 나아가 행사를 청하시오

謁者進初獻官之左請行事

초헌례行初獻禮

○알자는 초헌관을 인도하여 관세위에 이르러 북향하여 서시오.

謁者引初獻官詣盥洗位「北向立」

○손을 씻고 수건에 닦으시오.

盥手帨手

○준소로 나아가 서향하여 서시오.

引詣尊所「西向立」

○신위 앞으로 인도하시오.

引詣神位前

관세(임천서원 제공)

헌작(임천서원 제공)

○꿇어앉으시오.

跪

○향을 세 번 피워 올리시오.

上香三上香

○술잔을 올리시오.

奠爵

○부복하고 일어나 조금 물러나 꿇어앉으시오.

俯伏興 少退 跪

○축문을 읽으시오.

讀祝

○축은 동향으로 축을 읽으시오.

祝東向祝讀

○일어나시오.

興

○인도하여 제자리로 돌아가시오.

引降復位

아헌례行亞獻禮

○찬인은 아헌관을 인도하여 관세위에 이르러 북향하여 서시오.

贊引引亞獻官 詣盥洗位北向立

○손을 씻고 수건에 닦으시오.

盥手帨手

○준소로 나아가 서향하여 서시오.

引詣尊所西向立

○신위 앞으로 인도하시오.

引詣神位前

○꿇어앉으시오.

跪

○술잔을 올리시오.

奠爵

○엎드렸다가 일어나시오.

俯伏興

○인도하여 제자리로 돌아가시오.

引降復位

종헌례行終獻禮

○찬인은 아헌관을 인도하여 관세위에 이르러 북향하여 서시오.

贊引引終獻官 詣盥洗北向立

○손을 씻고 수건에 닦으시오.

盥手帨手

○준소로 나아가 서향하여 서시오.

引詣尊所西向立

○신위 앞으로 인도하시오.

引詣神位前

○꿇어앉으시오.

跪

○술잔을 올리시오.

奠爵

○엎드렸다가 일어나시오.

俯伏興

○인도하여 제자리로 돌아가시오.

引降復位

음복례行飮福禮

○축은 준소로 가서 작에 복주를 따르시오.

祝詣尊所 以爵酌福酒

○축은 도마와 칼을 들고 신위전의 조육을 조금 덜어내시오.

祝持俎及刀進減神位前胙肉

○알자는 초헌관을 인도하여 음복위에 나아가 북향으로 꿇어앉으시오.

謁者引初獻官詣飮福位 北向跪

○축은 헌관의 왼편에 나아가 동향하여 작을 헌관에게 드리시오.

祝進獻官之左之 東向以爵授獻官

○헌관은 제주잔을 들어 다 마시시오.

獻官飮卒爵

○작을 축에게 드리시오.

以爵授祝

○축은 작을 받고 준소에 작을 놓으시오.

祝受爵及爵于尊所

○축은 동향하여 조를 헌관에 주시오.

祝東向以胙授獻官

○헌관은 조를 받아 축에게 주고, 축은 조를 받아 동계로 내려 나가시오.

獻官受胙授祝 祝受胙 降自東階出門

○엎드렸다가 일어나시오.

俯伏興

○인도하여 제자리로 돌아가시오.

引降復位

○헌관은 모두 재배하시오.

獻官皆 再拜

○몸을 굽혀 재배하고 일어나 몸을 펴시오.

鞠躬 拜 興 拜 平身

○신위의 독을 닫는다. 축은 독을 닫으시오.

閉櫝祝閉櫝

망예望瘞

○알자는 초헌관을 망예위로 인도하시오.

謁者引初獻官詣望瘞位

○북향하시오.

北向

○꿇어앉으시오.

跪

○축관은 축을 가지고 서쪽 계단으로 내려가시오.

祝取祝降自西階

○구덩이에 묻으시오.

瘞坎

○알자는 초헌관의 왼편으로 나아가 예를 마쳤음을 고하시오.

謁者進初獻官之左告禮畢

○알자는 초헌관을 찬인은 각각 헌관을 인도하여 차례로 나가시오.

謁者引初獻官贊引各引獻官以次出

○축관 및 모든 집사는 계간 배위에 돌아가 재배하시오.

祝及諸執事俱復階間拜位 再拜

○몸을 굽혀 재배하고 일어나 몸을 펴시오.

鞠躬 拜 興 拜 平身

○차례대로 나가시오.

以次出

○찬자, 알자 및 찬인은 계간 배위에 나아가 재배하고 나가시오.

贊者謁者贊引就階間拜位 再拜 出

향례가 끝난 후 날이 밝으면 아침에 음복개좌가 행해진다. 아침 7시 20분경에 주사가 음복상을 준비하여 홍교당 툇마루에 갖다 놓는다. 음복상은 모두 독상으로 차리며 제상에 진설했던 소고기, 대추, 밤 등을 놓는다.

이때 헌관과 집사들은 분정례 때처럼 위치에 서면, 주사가 "개좌 아뢰오" 하며 3번을 외친다. 참석자 전원이 일제히 상읍례를 하고 자리에 앉는다. 자리에 앉으면 주사가 "조사曹司샌님 오르시오"를 3번 외친다. 그러면 나이가 가장 적은 사람이 나와서 집례 앞에 쪼그려 앉는다. 집례가 "제사공사 합시다" 하면 조사가 복창하고 초헌관 · 아헌관 · 종헌관 앞에 똑같은 방법으로 쪼그리고 앉아서 "각각 제사공사 합시다" 하고 제자리에 돌아간다.

다음 주사가 "차차 오르시오"를 3번 하면 다음으로 나이가 적은 사람이 전번과 같이 집례 앞에 쪼그리고 앉는다. 집례가 이번 "향례에 실례는 없었습니까?" 하면 복창하고 초헌관 · 아헌관 · 종헌관 앞에 똑같은 방법으로 하고 제자리에 돌아간다.

다음 주사가 "차차 오르시오" 3번 하면 다음으로 나이가 적은 사람이 전번과 같이 집례 앞에 쪼그리고 앉는다. 집례가 "음복공사 합시다" 하면 복창하고 초헌관 · 아헌관, 종헌관 앞에 똑같은 방법으로 하고 제자리에 돌아간다.

준비한 음복상을 주사가 초헌관부터 차례로 각자의 앞에 갖다 놓는다. 이때 재유사는 나이에 상관없이 제일 나중에 놓는다. 주사가 "초헌관 순배 아뢰오" 하고 3번 외친 뒤 초헌관부터 상 놓는 순서대로 술을 잔에 따른다. 잔에 술을 다 따른 뒤 "초헌관 순배 지웁시다" 하고 3번 외치면 잔을 모두 같이 들고 읍을 한 뒤 술을 마시고 잔을 곧바로 상위에 놓지 않고 다 같이 읍을 한 뒤 놓는다. 아헌관과 종헌관도 초헌관 순배와 같이 한다.

순배를 모두 마치고 주사가 "파좌 아뢰오"라고 3번 외치면 제사공사는 끝난다.

5. 천망薦望

음복개좌가 끝나면 유사와 헌관들이 모여 서로 상의하여 도유사[원장] 1명과 재유사 4명을 선출한다. 원장의 임기는 1년으로 제한하고 중임할 수 없다. 임원 선출 시 전임 원장의 의견이 큰 영향을 미친다. 유사 선정은 전임 원장과 유사가 수의한 뒤 천거한다. 구관유사는 서원관리 및 향사전반을 총괄하고 재유사는 제사에 대한 절차를 집행하며 서원의 행사를 수의한다. 이렇게 임원이 선출되면 망기와 초청장 형식의 글[고목告目]도 함께 보낸다.

그리고 집례, 축관 등 다른 집사는 향사를 치르기 며칠 전에 따로 당회를 개최해서 선정하고 망기를 보낸다.

망료(임천서원 제공)

향사 종료 후 기념촬영(임천서원 제공)

참고문헌

『사빈지泗濱志』.
『임천서원 원임안』(임천서원 소장).

권연하, 『이재선생문집頤齋先生文集』.
기행현 지음, 한문종 외 옮김, 『홍재일기鴻齋日記』, 전북대학교 이재문화연구소, 2022.
김도화 지음, 한국국학진흥원 옮김, 『척암선생문집拓菴先生文集』, 한국국학진흥원, 2022.
김성일 지음, 정선용 옮김, 『학봉전집鶴峯全集』, 민족문화추진회, 1999.
김성탁, 『제산선생문집霽山先生文集』.
김시온 지음, 권진호 외 옮김, 『표은선생문집瓢隱先生文集』, 한국국학진흥원, 2014.
김용 지음, 김승균 옮김, 『운천선생문집雲川先生文集』, 한국국학진흥원, 2020.
김지원 지음, 김혈조 옮김, 『일선속지一善續誌』, 구미문화원, 2009.
김흥락 지음, 김윤규 옮김, 『서산선생문집西山先生文集』, 한국국학진흥원, 2016.
류기호, 『객일수록客日隨錄』, 한국국학진흥원 소장.
안동대학교 안동문화연구소, 『서원, 한국사상의 숨결을 찾아서』, 예문서원, 2000.
안동문화원, 『(국역) 영가지永嘉誌 · 선성지宣城誌』, 2011.
의성김씨 천상문화보존회 편저, 김시황 옮김, 『연방세고聯芳世稿』, 2001.
이돈우 『긍암선생문집肯庵先生文集』.
이만각, 『신암문집愼庵文集』.
이수환, 『조선후기 서원연구』, 일조각, 2001.
이중환 지음, 안대회 옮김, 『택리지擇里志』, 휴머니스트, 2018.
정경세 지음, 정선용 옮김, 『우복집愚伏集』, 민족문화추진회, 2001.
정구 지음, 송기채 옮김, 『한강집寒岡集』, 민족문화추진회, 2001.

정직우, 『소행일록疏行日錄』, 계명대학교 도서관.
한국국학진흥원, 『국역 조선시대 서원일기』, 2007.

김자운, 「조선시대 소수서원 연구」, 한국학대학원 박사학위 논문, 2014.
이병훈, 「조선후기 경주 옥산서원의 운영 양상과 위상 변화 연구」, 영남대학교 박사학위 논문, 2018
이재현, 「안동 임천서원(臨川書院)의 치폐와 사액 청원」, 『한국서원학보』 6 , 2018.
이해미, 「雲巖 金明一의 '雲巖日記' 譯注」, 고려대학교 대학원 석사학위 논문, 2015.
채광수, 「일제강점기 서원의 복설과 제반 비용 – 안동 臨湖書堂을 중심으로 – 」, 『민족문화논총』 84, 2023.
한상우, 「조선후기 鄕戰을 통해 본 양반층의 親族, 婚姻 – 안동의 屛虎是非를 중심으로 – 」, 『대동문화연구』 81, 2013.

한국의 서원 100선
○○④

임천서원
일사보국一死報國의 숨결

초판1쇄 발행 2025년 11월 30일

기획 한국국학진흥원 인문융합본부
지음 채광수
사진 류종승

주간 조승연
편집 · 디자인 오경희 · 조정화 · 오성현 · 신나래 · 박선주 · 정성희
관리 박정대

펴낸이 오경희
펴낸곳 문예원
창업 홍종화
출판등록 제2007-000260호
주소 서울 마포구 토정로25길 41(대흥동 337-25)
전화 02) 804-3320, 805-3320, 806-3320(代)
팩스 02) 802-3346
이메일 minsokwon@naver.com
홈페이지 www.minsokwon.com

ISBN 979-11-90587-67-9
S E T 979-11-90587-63-1 94380